新装版

一瞬で道徳力を引き出す「いい話」

大人でも子供でも心に響く

二宮尊徳 奇跡のことば

石川佐智子

コスモ21

カバーデザイン◆中村　聡

もくじ・・・一瞬で道徳力を引き出す「いい話」二宮尊徳 奇跡のことば

序章

大人でも子供でも心に響く尊徳のことば——どう考え、どう生き抜くか

1章

小を積んで大と為すのが成功の原点——積小為大のすすめ

2章

富に至る橋、貧に陥る落し穴——分度と勤倹を守れば必ず富に至る

4章 リーダーが備えるべき道理——争わずに富と成功を得る

5章 「報徳」こそ幸せに至る根本哲学——天地自然の経文から学ぶ

6章 成功への大道を知る——「報徳」こそ人生に必要な成功哲学

7章

自立への道は知識より行ないにある
——至誠と実行だけが人を動かす

8章

人の道を行なうのが人生の原則——「天道は自然」「人道は作為」

9章

教育は人の道理を説くことから始まる——心田開発のすすめ

10章 真理だけが人を動かす——一円観の真理で難関を突破せよ

序章

大人でも子供でも心に響く尊徳のことば

——どう考え、どう生き抜くか

今、私たち日本人にもっとも必要なこと

日本を代表する大企業が、まさかと思うように破綻することがあります。誰が見ても素晴らしい成功を収めているように見えた人が意外なことでつまずくこともあります。

世界から見れば、一時はGDPで世界二位、今は三位ですが、見事な経済繁栄を遂げた私たちの日本は今、これまでにない課題を抱えて苦悩しています。世界の人々の目には「どうしてあの日本が？」と映っていることでしょう。

歴史上、個人から国に至るまで、「うまくいっているようだったのに、どうしてこんなことに」ということが、いつもくり返されてきたように思います。

成功は、すぐれた知識と経験のうえにもたらされるものです。それなのに、その成功がホンモノにならずに消えていくのは、どこに問題があるのでしょうか。

物事を論理的に考えることはとても大事なことです。しかし、それだけではホンモノの成功に行き着くことはできません。もっと大事なのは物事を道徳的に考える力です。この力こそ、今、私たち日本人にもっとも必要なものだと思います。

個人であっても組織であってもホンモノになるには、生き方の規範を明確にし、それを行動に移すことが必要です。そのためにもっとも必要なのが、道徳的に考える力なのです。

今、世界は日本人の生き方を注目している

私は長年、学校教育に関わってきましたが、子供たちの心が荒れ、暴力や破壊、いじめ、不登校が増加し、学力低下を招いてきたのは、何より教育から、人として生きるために欠かせない規範や礼節を考える力を育ててこなかったからだと考えています。それどころか、「道徳」を教えることに反対し、愛と調和を尊重する人間性を否定して「奪い合い」や「いがみあい」を助長する特殊な生活指導が行なわれる教育の現実を知りました。

日本は一時期、エコノミックアニマルと欧米から蔑視されたことがありましたが、今、世界の人々は日本人の文化や生き方に関心を寄せています。海外からの観光客が増え、日本の歴史を感じさせる観光地の人気も高まっていますが、いちばん注目しているの

は、日本人はどんなふうに生きてきたのか、どんな規範をもって行動してきたのかにあるのではないでしょうか。

尊徳が教えた人の道、自立の道

幕末に生きた二宮尊徳は、今で言う優れた経済家でありながら、徹底して「人の道」「人生の道理」を追求し、実践した人です。人々を貧から救い、豊かな暮らしをさせたいという一念で生きた人です。

尊徳が生きた幕末は、多くの藩の財政が破綻し、過酷な年貢米取り立てに喘ぐ農民たちが貧困と飢餓で勤労意欲を失っていた時代でした。そんななかで尊徳は、すぐれた指導力を発揮しました。

その生涯に六百二十カ町村の財政再建を成功させ、多くの農民たちを救い、藩の財政建て直しに貢献しました。荒廃した農村では、尊徳の行動が理解できず反発する農民たちを耐え忍びながら救ったのです。藩主が嫌がることでも、財政再建のためになると思えば、躊躇せず進言し実行しました。

尊徳の再建事業は、まず人の心に種を蒔き、人の道を教え諭すこと、すなわち農民の心に道徳的思考を喚起することからはじめられたのです。

尊徳は少年時代から大変な勉強家で、農作業の傍ら睡眠を惜しんで読書をし、仏教、儒教、神道に関する書物もよく読んでいました。そこで学んだ知識を農民にもわかるように自然や生活の中にある事象にたとえて語りかけたのです。

それが、人の心田を耕すことであり、まさしく「心田開発」だったのです。

尊徳が遺したことばには、人生の真理が示されていて、時代を越えて私たちの道徳力を引き出す奇跡のことばが溢《あふ》れています。

「積小為大《せきしょういだい》」の法則を発見した七十年の生涯

ここで少し尊徳の生い立ちを振り返ってみましょう。尊徳の幼名は金次郎といい、一七八七年七月、二町三反（一反は三百坪、一町は十反）の田畑を持つ栢山《かやま》の善人といわれた父母のもとに生まれ、幸せな幼児期を過しました。しかしそれもつかの間、四歳のときに近くを流れる酒匂川《さかわがわ》が洪水で決壊し、父の田畑の大半が土砂に流されてしまいます。

戦前の学校の校庭には、どこにでも見られた金次郎像は戦後の教師らの反対で倒されて無くなりましたが（今でも一部の学校には残されているようですが）、あの柴木を背負い、寸暇を惜しんで読書しながら山道を歩く少年金次郎の姿は、貧しくても親を助け、勤勉努力をすれば必ず立派な人になれるのだと、無言の励ましを子供たちに与えていました。

百姓に学問は不要といわれた時代に生きていた尊徳ですが、学問は人生の道を開き、自立して生きるために役立つとかたく信じていました。また、書物に記されている知識は、それを実践してこそホンモノの成功をもたらすと考えていました。

少年金次郎の人柄を伝えるエピソードもいくつか残されています。

決壊した酒匂川《さかわがわ》の土手を修復する村人たちに、夜なべで編んだ草鞋《わらじ》を履《は》き替え用として、そっと土手に置いてきたといいます。

また、苗木売りの商人から売れ残りの松の苗木二百本を、町で草履《ぞうり》を売った金で全部買い取り、一人で土手に植えつけました。その幾本かは今でも残っているとか。

田畑が土砂に流された後の無理から、父は病に倒れ、金次郎の孝養も空しく貧窮のなかで病死。さらに二年後には母も亡くなり、残された幼い二人の弟は母の里に預けられ、十六歳の金次郎は父方の伯父万兵衛方に身を寄せて、ついに一家は離散してしまいました。

金次郎はそれにもめげることなく、昼は伯父の仕事を懸命に手伝い、夜は遅くまで父が残した儒教や仏教にまつわる書物を読み続けました。伯父に灯油が減ると小言を言われると、友人から一握りの菜種《なたね》を借り、荒地を耕して種を蒔《ま》き、一年後には百五十倍の菜種を収穫。それを隣り村で灯油に替えて、思う存分学問を続けたといわれています。

農家の捨て苗を拾って空き地に植えつけ、秋に一俵の稲籾《いねもみ》を収穫したこともあり、こうした自分の体験から、「積小為大《せきしょういだい》」の法則を発見したのです。

十九歳で伯父の家を出て生家の廃屋を修理し、ついに独立を果たした尊徳は、母の死後残された六反歩を元に、徐々に田畑を買い戻していきました。五年後には一町五反を、三十一歳になった頃には父をも凌ぐ三町八反の田畑を持つ立派な地主になっていたのです。

長じてその実績を買われた尊徳は、家老服部家の財政建て直しを行ないました。さらに、藩主大久保忠真公の依頼で桜町（栃木県真岡市）の廃村復興を手掛けました。最初は武家や役人らの妨害に遭《あ》いますが、十年後には復興を完成し、〝野州聖人《やしゅうせいじん》〟と称えられました。

その後、福島の相馬藩で藩財政を建て直し、幕府の求めで日光領の財政建て直しなども行ない、道理に貫かれた七十年の生涯を立派に終えることができました。

日本の民主主義の元祖と称えられる

じつは、私が尊徳に興味をもったのは中学教師をやめた昭和四十四年、教育界に矛盾を感じ、戸原藤七伯父（元北海道報徳社専務理事、母宮比美枝の兄）を訪ねて教育談義をするなかで尊徳の実像を知ってからです。

「戦後の日本人が忘れた尊徳を、日本で民主主義を行なった人としてアメリカ人はよく知っているのだよ。第二次大戦の末期になって、敗戦がわかっても戦争を止めようとしない日本軍に、アメリカ軍が飛行機からビラを撒いた。

〝日本には民主主義の元祖二宮尊徳がいるではないか。彼に倣って会議を開き、早く戦争を止めなさい！〟――とね。

アメリカ人はよく日本を研究しているよ」

それでも日本は戦争を止めないので二度も原爆を落とされ、ついに終戦。米軍は七年間の占領政策を終えて本国へ帰りましたが、GHQの情報局長インボーデン少佐は帰国のときに、あの金次郎像を持ち帰り、自宅の庭に立てたと伯父は話していました。

昭和五十年、ある新聞社の記念事業で行なわれたUCLA（カリフォルニア大学）夏季セミナーに教育視察も兼ねて四十日間参加した私は、同大学図書館に『報徳概説』（戸原藤七編集・北海道報徳社刊）を一冊持参して贈呈。帰国後に伯父を訪ねると、彼は笑って言いました。

「アメリカから丁寧な礼状が来ていたよ。あの本は日本の著名人たちにも贈ったが、礼状が来たのは、アメリカだけだったよ――」と。

礼節の国日本は、どこへ行ったのでしょう。

国破れて山河は残り、焦土にビルが建ち並んで日本経済は飛躍的な発展を遂げましたが、大事な日本人の精神は失われてしまったのでしょうか。

かつて二宮尊徳を世界に知らせたのは、新渡戸稲造と共に札幌農学校でクラーク博士から学んだ内村鑑三でした。

彼は『代表的日本人』を英文で書き、上杉鷹山、西郷隆盛、日蓮上人、中江藤樹とともに二宮尊徳を紹介して、日本の心を世界に伝えたのです。

明治政府に招かれわずか八カ月の滞在で学生たちに絶大な感銘を与えたクラーク博士は、英文の聖書を彼らに贈り、人には果たすべき使命があることを教え「ボーイズ・ビー・アンビシャス（青年よ大志を抱け）！」の言葉を残して、日本を去って行きました。

そこで学んだ学生の一人新渡戸稲造は「武士道」を書き、同じく内村鑑三は二宮尊徳を取り上げ、日本人の精神を世界に知らせたのです。

道徳的思考力を鍛える智慧の宝庫

尊徳が生きた時代から百五十年以上を経て文明が進んだはずなのに、二十一世紀に入っても地上には貧困、殺戮《さつりく》が後を絶たず、未だに人類の幸福は見えてきません。

ノーベル賞受賞の科学者アインシュタインが、一九二二年に来日の折に残した言葉を思い出します。

「世界の未来は進むだけ進み、その間いく度か争いはくり返されて、最後の戦いに疲れるときがくる。そのとき、人類は真の平和を求めて、世界の盟主をあげねばならない。

この世界の盟主なるものは、武力や金力ではなく、あらゆる国の歴史を抜き越えた、もっとも古く、もっとも尊い家柄でなくてはならぬ。

世界の文化はアジアに始まってアジアに帰る。それはアジアの高峰、日本に立ち戻らねばならない。

われわれは神に感謝する。われわれに日本という尊い国をつくっておいてくれたことを」

じつは、この本に引用した尊徳の言葉は、そのほとんどが伯父、戸原藤七が編んだ『報徳概説』（北海道報徳社）に基づいています。戸原は戦後の農業復興に尽力しましたが、尊徳が教えたように心の復興から始めることを心がけ、尊徳の言葉（そのほとんどを一円融合会刊『現代版　報徳全書』から引用』）の真意が伝わりやすいように、言葉をところどころ置き換え、抄訳するなどしてまとめています。

この『報徳概説』は、ＵＣＬＡ図書館にも私が寄贈したものが保存されていますが、その中には、敗戦の混乱のなかで、日本人としての自信と誇りを取り戻し、日本の再建を果たそうとした人々の心に勇気と力を与えた尊徳の言葉が集録されています。それが今、私たち日本人の道徳力を引き出す奇跡の言葉として、再び求められているように思います。

おのが子を恵《めぐ》む心を法《のり》とせば
学ばずとても道に至らん
尊徳

●尊徳を読むためのキーワード

・報徳《ほうとく》　尊徳の思想全般を報徳という。すべてのものの徳性（価値や個性）を認め活かす（報いる）こと、すなわち至誠の心をもって、勤労、分度、推譲を実行することを教えている。

・心田開発《しんでんかいはつ》　何事を成し遂げるにも、まず本人のやる気を起こさせることが始まりであり、それによって一人ひとりが自立できる基盤を育成することができる。

・至誠《しせい》　至誠とは真心であり、これこそ尊徳の生き方や思想のすべてを貫いている精神である。

・分度《ぶんど》　自分が置かれた立場や状況を踏まえ、それに見合った生活をすることが大切。そのためには自分の収入に応じた生活規準（分度）を定め、その範囲のなかで生活できるよう節約に心がける。

・推譲《すいじょう》　分度を守ることによって余財を生み出し、それを家族や子孫のために貯えたり（自譲）、広く社会のためや未来のために譲る（他譲）。そうしてこそ幸福な社会が実現できる。

・勤労《きんろう》　人は自分に備わっている能力を最大限に発揮して働くことにより、生きる糧を得ることができ、そうして働くことにより生きる知恵を磨いて自己を向上させることができる。
・積小為大《せきしょういだい》　小さな努力の積み重ねが、やがて大きな収穫や発展に結びつく。小事を疎かにしていて、大事を為すことはできない。
・一円観《いちえんかん》　一面的な見方を止め総合的な目で真実を見抜く。
・仕法《しほう》　尊徳が考え出した農村復興や財政建て直しのためのやり方。

●尊徳の略歴

一七八七（天明七）七月二十三日、現在の小田原市栢山に生まれる
一七九〇（寛政二）八月、次弟友吉生まれる
一七九一（寛政三）八月、酒匂川が氾濫し、自家の田地流失
一七九九（寛政十一）十二月、末弟富次郎生まれる
一八〇〇（寛政十二）尊徳十三歳、九月、父利右衛門没（享年四十八歳）

一八〇二（享和二）尊徳十五歳、母よし没（享年三十六歳）、尊徳は伯父二宮万兵衛家に、二人の弟は母方の川久保家に預けられる
一八〇六（文化三）尊徳十九歳、尊徳、生家に戻る
一八一八（文政元）尊徳三十一歳、服部家の財政建て直しを引き受ける
一八二二（文政五）尊徳三十五歳、桜町領の財政建て直しの命を受ける
一八二三（文政六）尊徳三十六歳、尊徳一家、桜町へ移る
一八二九（文政十二）尊徳四十二歳、妨害が甚だしく、一月、桜町を出奔。同三月、成田山に籠もる
一八三二（天保二）このころより積極的に無利息の報徳金を貸し付ける
一八三七（天保八）尊徳五十歳、桜町領の建て直しをしめくくる
一八三九（天保九）小田原藩の財政建て直しに着手
一八四二（天保十三）幕臣となる（御普請役格二十俵二人扶持）
一八四五（弘化二）相馬藩の建て直しに着手
一八五二（嘉永六）日光領の財政建て直しの命を受ける

一八五五（安政二）尊徳一家、今市に移住

一八五六（安政三）十月二十日、尊徳没（享年六十九）

凡例

一、〈夜〉『訳注　二宮翁夜話上・下』（福住正兄原著　佐々井典比古訳注　現代版報徳全書）

一、〈語〉『訳注　二宮先生語録上・下』（斎藤高行原著　佐々井典比古訳注　現代版報徳全書）

1章

小を積んで大と為すのが成功の原点

——積小為大《せきしょういだい》のすすめ

千里の道も一歩から始まり、一株ずつの田植があって豊穣《ほうじょう》の収穫があるのです。すべては一から始まり、その積み重ねで大きな事業が達成できるのです。

二宮尊徳（二宮金次郎）は幼少の頃からそのことに気付いていました。両親が相次いで病死し、兄弟が離れ離れになって貧困と不幸のどん底にあっても、尊徳はくじけませんでした。

十五歳の尊徳は、昼間は伯父万兵衛の仕事を手伝い、夜は遅くまで読書を続けました。灯油が減って小言を言われた尊徳は、友人から菜種《なたね》を借り、空き地に蒔《ま》いて一年後には灯油十五リットル分の菜種を収穫。それを使って深夜まで学問を続けたのです。

また、農家が捨てた棄苗《すてなえ》を拾い、荒地を耕して棄苗を植えました。すると、秋には一俵余の稲籾《いねもみ》が収穫できたのです。その喜びと発見が尊徳の貴重な生涯の教訓となりました。苦難のなかでも希望を捨てず、小を積み重ねることで大きな成果を得ることを自ら体験し、「積小為大」の真理を発見しました。

十九歳で伯父の家を出た尊徳は、廃屋《はいおく》を修理し、独立を果たします。

❶ 小事《しょうじ》を嫌って大事《だいじ》を望む者に成功はない

世間の人は、とかく小事をきらって大事を望むけれども、本来、大は小を積《つ》んだものである。だから、小を積んで大をなすほかに方法はない。

いま日本国中の水田は広大無辺《こうだいむへん》、無数といってよいほどである。ところがその田地は、みんな一鍬《くわ》ずつ耕し、一株ずつ植え、一株ずつ刈り取るのだ。

その田一反《たん》を耕すのに、鍬の数は三万以上となる。その稲の株数は、一万五千もあろう。みんな一株ずつ植えて、一株ずつ刈り取るのだ。

その田から実った米粒は、一升《しょう》（一・八リットル）で六万四千八百余粒《よりゅう》あるし、この米を白米にするには、一臼《うす》のきねの数は千五、六百以上になる。その手数を考えてみるがよい。

だからして、小事をつとめねばならぬいわれが、よく知れよう。　（夜一一六）

小事を怠ると大事の損失になることは、現代でも変わりはありません。小さなミスへの対処を怠ったために、社会の信用を失うといった新聞記事はあとをたちません。

当時の農民は、希望のない暮らしにやる気を失い、一鍬《くわ》ずつの努力も怠ることが多かったのです。

現代の若者の風潮として、真面目にコツコツ努力することを卑下するようなところがありますが、一歩一歩の努力は、いまでも成功の原理として存在するのです。

❷ 小を積む努力なしに夢の実現はない

大事を成し遂げようと思う者は、まず小さな事を怠《おこた》らず努めるがよい。それは、小を積んで大となるからである。大体、普通、世間の人は事をしようとして、小事を怠り、でき難いことに頭を悩ましているが、でき易いことを努めない。それで大きなこともできない。大は小を積んで、大となることを知らぬからである。

一万石《ごく》の米は一粒ずつ積んだもの。一万町歩の田は一鍬《くわ》ずつの積んだもの。万里《ばんり》の道は一歩ずつ積み重ねたもの。高い築山《つきやま》も、もっこ一杯ずつの土を積んだものなのだ。だから小事を努めて怠らなければ、大事は必ず成就する。小事を努めず怠る者が、どうして大事を成し遂げることができよう。

（夜一一四、語三〇二）

尊徳は数をイメージ化して、その量を示し、学問のない農民にやる気を起こすようにしむけました。彼を数学者、経済学者として評価する研究家も多く、やはり優れた科学的な視点をもっていた哲学者であり、科学者だったのです。

たとえば『天徳現量鏡《てんとくげんりょうきょう》』という書物は、百八十年の利息の計算をしたもので、しかも五分《ぶ》から三割《わり》に至る六通りの利息計算をし、人の怠惰を戒《いまし》め、仏教でいう因果《いんが》の理《ことわり》を示しています。

小さなことをいいかげんにすることが、大きな禍いとなり、反対に小事を努力して積み上げれば大きな成果となることを教えているのです。

❸ムダを省き小を積み重ねることが成功への第一歩

自分が早起きをして他人を起こすか、あるいは他人に起こされるか、その得失は一割掛《か》ければこのとおり、一里の差はこのとおり、二里の差はこのとおり、善悪、正邪《せいじゃ》でも、貧富、受施《じゅせ》でも、貸借《たいしゃく》、貪恵《どんけい》でも、みな例外なくそのとおりと、くわしく記載すること百八十年に及んでいる。

たとえば、早起きの原因によって草（稲）を多く得、草の多い原因によって米を多く得、米の多い原因によって馬を多く得、馬の多い原因によって田を多く得、田の多い原因によってまた米を多く得、米の多い原因によって貸し金をつくり、貸し金の原因によって利息を得る、という類がそれだ。

富を得るのもこのとおり、貧に陥るのもこのとおりである。（語四四〇）

「早起きは三文《さんもん》の得《とく》」とは昔からの言葉ですが、人生を無為に過すことなく、勤勉さが富に至る道であると、古人は知っていたのです。とくに早朝の仕事は、自然の理にかない、能率効果はバツグンです。

現代の責任ある立場の人が、ときに過ちを犯すのは、才知に頼り、この基本的な因果の法則、ムダを省き小を積み重ねる努力をするという原則を忘れるからでしょう。

夢は大きくてもその夢を実現するためには、小を積む努力なしには果たせません。大《たい》言壮語《げんそうご》して失敗することが、あまりにも多いのが現実です。個人が失敗しても影響は少ないでしょうが、国を動かす政治家や経営者の誤算は多くの国民や社員、家族の不幸を招き、企業が大きければ社会問題にまで発展するのです。それが混迷の元になるのです。

❹金銭が多すぎるのは不便の至り

世間一般の人の願望は、もとより遂《と》げられるものではない。というのは、願ってもかなわぬ事を願うからだ。

たとえば、世の人はみんな金銭の少ないのをきらって、ひたすら多いことを願うけれども、もしも金銭が銘々《めいめい》の願いどおりに多かったとしたら、砂や石となんの相違もない。

そんなに金銭が多かったら、わらじ一足の代金も、一夜の宿泊代も札束一背負いということになろう。

だから金銭が多すぎるのは不便の至りといわねばならぬ。世人の願望には、このようなことが多い。

それは願ってもかなわず、かなっても益のないことだ。世の中は金銭が少ないからこそおもしろいのだ。

（夜二八〇）

大きな理想はもちろん大事ですが、やはり足もとを固めていく堅実さが基本であることにまちがいはありません。

人には大小にかかわらず果たすべき責任があり、それを一つひとつ積み重ねていくことが、仕事をするうえでの信用となります。

「積小為大《せきしょういだい》」は、その積み重ねがもっとも大事なのだという教えです。

「金銭が少ないからこそおもしろい」、この尊徳の楽観性は、つねに希望を失わず、努力する者が報われるという信念から生まれているのです。

いま手もとに一銭の金が無くても、この世に天地の恵があれば一握りの種を蒔《ま》いて、それを百倍にすることができる。捨て苗を拾って稲籾《いねもみ》一俵を実らせることができる。そのように無から有《ゆう》が生じるという少年時代の感動体験を通して、尊徳は人生の真理を体得したのです。

このことを現代の教育は教えていません。

何不自由なく育った子供たちは、お金は知恵と勤労で稼《かせ》がなければならないものとは思っていません。親を脅《おど》せば、自分は働かなくても金が出てくるとさえ思っています。自立心と忍耐力が育っていないのです。

このまちがいが殺人、強盗、麻薬、売春などの犯罪の芽となり、不幸の種が蒔かれるのです。善悪の判断を教えず、過保護と金品の与えすぎが、子供の欲望をふくらませ、犯罪を生むのです。

人格が未成熟で、夢だけ描いてたちまち崩壊していくのは、親の金、仲間の金、銀行や公の金だけを当てにして、自ら積み上げたものが無いからです。

戦後の学校が、校庭に建てられていた金次郎像を倒して葬ったように、多くの教師や父母も、子供に必要な躾《しつけ》と真の教育を怠ったのです。

せめてこれからの若い人には、尊徳の生き方と思想を知ってもらい、人生を小から積み上げて大とする必勝の信念をもってほしいのです。そうしたエネルギーをもった若い人たちがこれからの日本にはぜひとも必要です。

❺働いて後に楽しみを得るのが人生の基本

米をみて直《ただ》ちに米を得んと欲する者は、盗賊鳥獣《とうぞくちょうじゅう》に等しい。人たる者はすべからく米を蒔《ま》いて後に米を得ることである。

麦をみて直ちに麦を得んと欲する者は、盗賊鳥獣に等しい。人たる者はすべからく、麦を蒔いて後に麦を得ることである。

衣をみて直ちに衣を得んと欲し、食をみて直ちに食を得んと欲し、花をみて花を得んと欲する者もまた同じである。楽しみをみて直ちに楽しみを得んと欲するものは、盗賊鳥獣に等しい。人は勤労して後に楽しみを得ることである。富をみて直ちに富を得んと欲する者は、盗賊鳥獣に等しい。人はすべからく勤労して、しかる後に富を得ることである。

（万物発言集）

最近の風潮に、まじめにこつこつ働く者をバカにする様子が見えるのは良くないことです。アリとキリギリスはよく話題にされます。好きなことをして富を得られるのは結構ですが、遊んで富が得られるほど人生は甘くはありません。

アーティストや作家など一見華やかで好きな仕事をしているように見えても、個性的な仕事であればあるほど、人に知られぬ努力と苦労の積み重ねがあることを知るべきでしょう。

「働いて後富を得る」という人間の基本的な考え方は、人生を成功させる意味で、昔も今も変りません。人生も仕事も、決して甘いものではないこと、しかし、努力は必ずみのることも、若い人には知って貰いたいのです。

❻ 作らずに刈り取るのは鳥獣争奪《ちょうじゅうそうだつ》の道

大昔は人道《じんどう》がまだ明らかでなく、人類は鳥獣と一緒に住んで、昼となく夜となく食物をあさり、争奪を事としていたから、一日として安心な生活ができなかった。我々の祖先は、これを哀れと考えて、始めて推譲《すいじょう》の道を立て、農業を教えられた。それで五穀がみのって衣食が豊かになり、人道が明らかに定まって部族が安らかに治まった。

ところが世も下った今日では、民情がどうかすると大昔に戻りやすくなり、秋の末、ひとつの稲田がみのるのをみると、むやみにほしくなり、夏の初め、ひとの麦畑が熟するのをみれば、またとりたくなる。

まったくの話、自分で作らずにどうして刈り取れるものか。もし取ったとしたら、それこそ鳥獣争奪の道だ。

秋になって稲を刈ることができなかったら、自分で作らなかったのが過ちであると知って麦を蒔《ま》くがよいし、初夏になって麦を取り入れることができなかったら稲を植えるがよい。そうすれば稲でも麦でも、半年あとには、きっと収穫できるのだ。衰えた国の君主も人民も、よくよくこの道理を察しなければならない。

（語一〇五）

「蒔かぬ種は生えぬ」の道理は、昔からよく言われたことで、富と幸福が欲しいなら、まず土地を耕し、種を蒔き、草取りをする勤労の積み重ねが必要です。

賢い人は、この道理をよく知っていて、勤労努力して良い因果関係をつくるのです。働いた原因で、その後の実りと豊かな暮しが結果として出るのです。

愚かな人は働かず、つとめず、自分の不利、不運を嘆き、富める人を羨《うらや》むばかりで、不幸の原因が自分にあるのを知ることができません。

尊徳は人の幸、不幸、運、不運を、一粒の種を蒔き、土を耕す努力から始まると教えました。「積小為大《せきしょういだい》」は尊徳哲学の原点といえるでしょう。小を積み重ねる努力の結果が、富と幸福の大きな実りとなるのです。無為に時を過すことなく、時間を人の二倍、三倍に使う覚悟が必要です。

「自助努力をする者」を神は助けるのです。努力をしない者は見守るだけで、神は助けないことを知るべきでしょう。

内村鑑三が代表的な日本人の一人として海外に紹介した上杉鷹山も「為せば成る、為さねば成らぬ何ごとも　成らぬは人の為さぬなりけり」という言葉を残しています。

❼成功は勤倹《きんけん》の者には近づき怠奢《たいしゃ》な者からは遠ざかる

耕作や機織《はたおり》につとめて衣食をつくり、倹約を守っているものは、つねに貧者の側にある。耕作も機織にもつとめずに衣食を得、おごり怠けているものはつねに富者の側にある。

いま、水を入れた器にたとえてみよう。水を入れた器が傾けば、高い側と低い側とができる。低いところを貧と見、高いところを富としよう。見たところ低い方が愚かなようで、高い方が賢いようだ。しかし器の中の水は、低い方に近く、高い方に遠い。これで天道《てんどう》というものが勤倹には近づき、怠者からは遠ざかるものだということがわかる。だから、勤倹は愚かなようでも、やれば必ず成功し、怠奢は賢いようでもなすところ必ず失敗する。勤倹が富に至り、怠奢が貧に陥るのは、このようなわけである。

（語六七）

尊徳は自然と貧困の苦難のなかで人間理解を深めていきました。人の幸福は、まず勤労に励み、貧困から脱却することから始まるのです。積み上げた富貴を守るためには、人に譲り、社会に譲るために計画し実践しなければならないと人々に教えました。「推譲《すいじょう》」により人を幸福にすることで自分も幸福になるという聖人のような心境で、人々とのコミュニケーションをはかっていったのです。

尊徳は身近な喩え話を使って、学問のない農民たちにもわかるように話しました。それをくり返して、絶望的になっている人々にやる気を起こさせようと愛情をこめて語り続けたのです。

今、金があっても働かずに怠けていたら、貧に陥る。貧しくても働き、倹約すれば、必ず後に富に至る、と農民を励ましたのです。

2
章

富に至る橋、貧に陥る落し穴

――分度《ぶんど》と勤倹《きんけん》を守れば必ず富に至る

アメリカの独立百年を記念して、「アメリカン・ドリーム」実現を目ざして成功した人々へのインタビュー記事を載せた『サクセス・マガジン』が創刊されました。その発行者であるオリソン・マーデン博士が、大富豪の金銭哲学をまとめた本の中でこう語っています。

「いいかい。大切なことは、お金の〝稼ぎ方〟ではなく使い方だよ——。まず、毎月の収入の一割を貯蓄に回すことをすぐに実行したまえ。月の収入に変動があっても、必ず一割を貯蓄する。そして、このお金にはいかなる理由があっても手をつけてはならない。良い投資の話があっても、どんなに有意義な寄付の誘いがあっても、もちろん贅沢品のために使うなどはもってのほかである。」（『レター・オブ・サクセス成功の書』リチャード・H・モリタ編者、ライフデザイン文庫）

さあ、あなたにこれができるでしょうか。

貧の落し穴に落ちないためには、やはり必死の努力が必要なのです。自分を克服することが楽しみになるものです。

アメリカが富める国になったのは、二百年の歴史を重ねた金銭哲学でした。子供のときから親は働くことと、お金の価値と使い方を教えたのです。

❶大切なのは、お金の稼《かせ》ぎ方より使い方

財貨は海のようなものだ。貧富、苦楽は、水を渡る術《すべ》を知っているか、いないかにある。泳ぎの上手な者は水を得て楽しむし、泳ぎのへたな者は、水のために苦しんで溺れる。

勤勉な者は財を得て富むし、勤勉にできない者は財のために苦しんで貧乏するのだ。水はよく舟を浮べるが、またよく覆《くつがえ》す。これは波浪《はろう》に動《どう》と静《せい》があるからだ。動と静に対処して舟を操る術を知っている者は、転覆沈没のおそれがない。

財はよく人を富ますが、またよく人を貧しくするのは、なぜかといえば、天分の度合に小と大とがあるからだ。小と大とに即応して経理する術を知っている者は、貧窮《ひんきゅう》の憂いがない。

（語四二〇、語一三二）

貧富は表と裏、忍耐強くバランスを取りながら、少しずつ上向きに努力し富を築いて

いくことを荒波を上手に乗り切り、舟を沈没させない手腕にたとえています。波が激しくても、うろたえずに静まるまで待てる余裕と備えがあるか無いかが、人生の分かれ目となるのです。財だけを焦って強欲に求めると、貧と騙《だま》しの落し穴にはまるのです。

❷ 貧者《ひんじゃ》は昨日のために今日をつとめる

富《とみ》と貧《ひん》とは、元来遠く隔たったものではない。ほんの少しの隔たりであって、その本はただ一つの心がけにあるので、貧者は昨日のために今日つとめ、昨年のために今年つとめる。それゆえ終身苦《しゅうしん》しんでも、そのかいがない。

富者は明日のために今日つとめ、来年のために今年つとめるから、安楽自在ですることなすこととみな成就する。それを世間の人は今日飲む酒がないときは借りて飲む。今日食う米がなければまた借りて食う。これが貧窮に陥る原因なのだ。

貧乏人が草を刈ろうとして鎌がない場合、これを隣から借りて草を刈るのがつねのことだが、それが貧窮《ひんきゅう》から抜け出られない根本の原因だ。鎌がなければまず日雇いをして、その賃銭《ちんせん》で鎌を買い、それから草を刈るがよい。

この道は開闢元始《かいびゃくげんし》の大道《だいどう》に基づくものだから、卑劣の気持ちはない。神代《かみよ》の昔、豊葦原《とよあしはら》に天降《あまくだ》られたときの、神の御心《みこころ》なのだ。

だから、この心ある者は富貴を得るし、この心のない者は富貴が得られない。

（夜一一〇）

現代人を苦しめる借金地獄は、政治のまずさと銀行の貸し手責任も大いにありますが、安易に借金をして、その場しのぎをする借り手の甘さにあるのも事実です。

この世の地獄は、やはり自分が生み出したものという自覚が必要です。鎌がないなら隣から借りるのでなく、まず働いて賃金を得、その金で鎌を買い草を刈る、これが元始の神の御心で、卑《いや》しいことではない、と尊徳は教えます。

まず働いて資金をつくる、これが経済の基本であることは、今も昔も変わりません。

❸ 貧富の違いは分度《ぶんど》を守るか失うかによる

貧富は分度を守るか分度を失うかによって生ずる。分度を守って、みだりに分内《ぶんない》(予算)の財を散らさなければ富に至るし、分度を失い、他から借財して分内に入れるようであれば、やがて貧に陥る。

負債によって分内を補うのは、たとえば、〝たらい〟の水に石を入れるようなものだ。一つ石を入れれば、石一つだけ水が減り、石十個入れれば十個分の水が減り、百個、千個入れればたらいの水はみな、なくなってしまう。

負債が家産《かさん》を減ずるのはこういう具合で、ただ貧乏に陥るだけではすまない。ついに家を滅ぼし身を滅ぼすようになる。用心しないでいられようか。(語一二〇)

個人として、また企業家として成功するか否かは、基本となる哲学、思想が堅固《けんご》であるかどうかにかかってきます。自力で事を興す独立独歩の精神は、成功の基本です。尊徳がいう分度《ぶんど》とは収入支出のバランス、計画経済をいい、予算以上の使い方を分内の財を散らす、と指摘します。

成功の喜びは、節度ある経済活動を行なう冷静な判断と、決断する勇気そして誠実な実行によってこそ得られるのです。

苦しみが将来の喜びに結びついたとき、信頼と発展が報酬となって返ってきます。甘く安易な道を選ばず、自他共に厳しい決断が、かえって愛情と信頼の基盤になることを心に留めておくべきでしょう。

❹倹約と貯蓄は変事に備えるため

世の中が無事に治まっていても、災害という変事がないとは限らない。変事が仮にあっても、これを補う方法を講《こう》じておれば、変事がなかったも同然になる。

古語に「三年の蓄《たくわ》えなければ国にあらず」といっている。外敵が来たとき、兵隊だけあっても、武器や軍用金の準備がなければどうしようもない。

国ばかりでなく、家でも同じことで、万事ゆとりがなければ必ず差《さ》しつかえができて、家が立ちゆかなくなる。国家天下ならなおさらのことだ。

人は報徳《ほうとく》を、倹約ばかりさせるというが、むやみに倹約するのではない。変事に備えるためだ。

また、わが道を貯蓄ばかりさせるというが、貯蓄が目的なのではない。世を救い、世を開くことが目的だ。吝《りん》か倹《けん》かは、いわずと明らかだろう。（夜一八三）

倹約と貯蓄はそれ自体が目的ではなく、変事に備えるために必要なのだと尊徳は教えています。さらに、富へのチャンスは風のようにやってきます。そのチャンスを生かすには資金にゆとりが必要です。

まず自分に厳しく基盤づくりをする、こまめに働いて日常の貯蓄をする。それが富と成功への橋となります。

現代社会の罠《わな》は借り入れがたやすいことです。もっと倹約と貯蓄の大切さを学ぶべきです。

❺ 分度《ぶんど》と勤倹《きんけん》こそ富に至る橋

貧者《ひんじゃ》は天分の実力をわきまえず、みだりに富者《ふしゃ》をうらやみ、そのまねをしようとする。

たとえば橋のない川を隔てて向こう岸の遊山《ゆさん》を眺め、いっしょに遊ぼうとするようなものだ。橋がないのに向こう岸の人について行こうとすれば、必ず溺れる。

人が富者のまねをしたいと思うなら、まず富を得るための橋をかけることが必要だ。富を得るための橋とは何か。分度を守ることと、勤倹とがそれである。（語五八）

現代の落し穴は安易に負債《ふさい》をつくることです。

尊徳の戒《いまし》めは、まさに現代人に向けられているといえましょう。分度とは計画経済のことで、富を得たければ、まず働いて支出を抑え、少しでも貯蓄し自分に力をつけることです。

また人には器量、うつわがあるもので、人は人、我は我で、みだりに人を羨み、真似をしようとしても、うまくゆくものではありません。「富を得るための橋」とは、富や成功を得るためには強固な橋をかけるほどの大きな努力が必要であることを説いているのです。

❻お金が集まるのは偶然ではない

貧となり富となるのは偶然ではない。富もよってきたる原因があり、貧もそうである。人はみな、財貨は富者《ふしゃ》のところに集まると思っているが、そうではない。節倹《せっけん》なところと、勉励《べんれい》するところに集まるのだ。

百円の収入を八十円で暮らし、七十円で暮すときは、富がそこに来、財がそこに集まる。百円の収入の者が百二十円で暮らし、百三十円で暮すときは、貧がそこに来、財がそこを去るのである。

ただ分外《ぶんがい》（予算以上の支出）に進むか、分内《ぶんない》（予算以内の支出）に退くかの違いだけだ。ある歌に「ありといえばありとや人の思うらん、呼べば答うる山彦《やまびこ》の声」というように、世人はいまあってもそのある原因を知らず、いまないそのもとを知らない。およそ、いまあるものはいまになくなり、いまないものは、いまにあるようになる。いまあった銭がなくなったのは物を買ったからで、無かった銭がいまあるのは働いたからだ。なわ一房《ふさ》なえば五厘《りん》手に入り、一日働けば十銭《せん》手に入る。いまある十銭も、酒をのめばすぐになくなる。明白疑いない世の中だ。

中庸《ちゅうよう》に「誠なればすなわち明らかなり、明らかなればすなわち誠なり」とあるように、なわ一房なえば五厘となり、五厘やればなわ一房がくる。青天白日《せいてんはくじつ》の世の中である。

（夜九八）

尊徳はくり返して貧困からの脱出を説いていますが、それは貧しさが、いかに人を卑屈にし、怠惰にし、絶望させるかを知っていたからです。貧が不幸の原因となるのです。働くこと、働けることが喜びであることを人に知ってもらうために、くり返し勤勉努力することをすすめ、生きる目的がそこにあることを教えました。

幼い頃、貧しくて正月のお囃子《はやし》のわずかなお金が無くて、弟たちを押入れにかくし、母と少年金次郎は部屋の奥に声を秘めて留守を装った哀しさを、生涯忘れることができなかったのです。

彼の七十年の生涯は、貧困からの脱出をいかに無気力な人たちに教え、実行させるかの一点でした。勤勉努力し、自立することが、生きる基本であることを伝えたのです。怠けて働こうとしない者にやる気をもたせる尊徳の絶え間ない説得が、農民の心を少しずつ解きほぐし、自然な形でやる気をつくりだしたのです。

もちろんそれは現代にもいえることで、一家の建て直しも、会社再建のやり方も少しも変わりはありません。

そして富を築くことができたなら、これを家族、社員のために失わないよう守り、さらに力に応じて正しく拡大し、利益を多くの人に及ぼす。利益は公のものであり、独占してはいけないからです。

❼心が正しく平らでなければ得た富も逃げていく

創業は難しく守ることはやさしいに違いないが、満ちた身代《しんだい》を平穏に維持していくことも、やはり難しい仕事だ。

たとえば、器《うつわ》に水を満たして、これを平らに持っておれと命ずるようなもので、器そのものは傾くことはないが、人が持つと手が疲れるか、空腹になるかして、決して長いこと平らに持っていることはできないのと同じだ。

この満ちたのを維持するには、至誠《しせい》と推譲《すいじょう》の道によるのだけれども、心が正しく平らでなければ、これを行なう段になって手違いを生じて、せっかくの至誠、推譲も水泡に帰することがある。

大学に「心怒《いか》るところ、恐《おそ》れるところ、好楽《こうらく》するところ、心配するところあれば、すなわちその正を得ず」といっているが、実にそのとおりだ。よく心得るがよい。

（夜六八）

バブル崩壊後の日本は、世相も一変して、大手の企業が倒産、崩壊に見舞われ、従業員やその家族たちが、悲惨な状態に追いこまれました。

まさに創業も大変ですが、拡大した企業を守るのは、さらに難しいといわねばなりません。

創業のときは経営者も従業員も一致団結して心は活気に満ち、上を目指して引き締まっています。器に水を満たそうと一生懸命になります。

ところが、いったん器に水が満ちてしまうと、それを零《こぼ》さずに平らに保つのが難しいのです。

自制心が崩れて、遊惰《ゆうだ》や怠慢《たいまん》に流れはじめると、災難を止めるのは難しく破滅はまたたく間といえましょう。

長年繁栄した企業が驚くような不祥事で社会的信用を失うといった事象を見るにつけ、「満ちた身代を平穏に維持していくことも、やはり難しい仕事だ」という言葉を肝に銘じていたいものです。

❽ まちがった学者、教育者はこじき坊主《ぼうず》と同じ

学者は書物を実にくわしく講義するが、活用することを知らないで、いたずらに仁はうんぬん、義《ぎ》はうんぬんといっている。だから世の中の役に立たない。ただの本読みで、こじき坊主が経をよむのと同じだ。

古語（論語・堯曰篇《ぎょうえつへん》）に「権量《けんりょう》を謹《つつし》み法度《はっと》を審《つまび》らかにす」とある。これは大切なことだが、これを天下の政治のことばかり思うから、役に立たないのだ。銘々《めいめい》おのれの家の権量を謹《つつし》み法度《はっと》を審《つまび》らかにすることが肝要で、これが道徳・経済の元なのだ。

家々の権量とは農家ならば家産たる田畑が何町何反歩、この作徳《さくとく》は何十両と取り調べて分限を定め、商家ならば前年の売上金を調べて本年の分限の予算を立てる。これがおのれの家の権量、おのれの家の法度なのだ。これを審らかにし、これを慎《つつし》んで越えないことこそ、家をととのえる元なのだ。家に権量がなく、法度がなかったら、長く保てるものではない。

（夜七八、語三〇六）

尊徳は、あくまで実践を尊びました。学者が文字を説明するだけで実行しなければ、人の役には立たず尊敬もされません。

現代の混乱も、立派な分析や評論ばかりが溢《あふ》れ、地道な実践が軽んじられていることに大きな原因があります。まずは親が家庭のリーダーとして、家の道徳と経済を明らかにし整えること、そこから世の混乱も収拾されていくと尊徳は教えています。

教師が聖職でなくなり、「労働者」になった戦後の学校教育で子供たちの学力は著しく低下し、自然の成り行きとして学習塾がはやり、父母の負担は二重、三重に大きくなっています。まちがった教育者は、こじき坊主と同じだという尊徳の指摘を今こそ思い起こすべきです。

❾焦りは禁物、時を待つ姿勢も大切

速成を欲するのは、人情のつねである。けれども成功、不成功には時期があり、小さい事柄でも、おいそれとは決まらない。まして大業《たいぎょう》ならばなおさらのことだ。

報徳《ほうとく》は大業である。だから従容《しょうよう》として時を待つがよい。夏から秋になる頃は百穀がまだ熟しないが、どうして秋のみのりがないことがあろうか。ただ遅速があるだけなのだ。

きびがまず熟し、あわや豆が続いて熟し、わせ、なかて、おくてが相次いで熟し、ついに百穀ことごとく熟するようになる。そこで時を追いこれを収穫するがよい。けれども、すでに熟したものを差し置いて、まだ熟しないものを心配している。これ又人情のつねである。しかし、まだ熟しないものを心配するより、すでに熟したものを取り入れる方が、どれほど良いかわからぬ。

道の行なわれるのと、行なわれないのもこれと同じだ。手近なものを先にして遠いものに及び、たやすい事を先にして難しい事に及ぶべきである。

孔子が「速《すみや》かならんことを欲するなかれ」といい、「近き者は喜ばしめ、遠き者は来らしむ」といったのはこのことである。（語四五〇）

尊徳は生涯をかけて、人々が働くことに意欲と喜びをもち、個々の人生をいかに価値あるものにするかを教えました。それが結果として村や町を繁栄させ、国家社会に役立つことになったのです。

決められた人生の時間のなかで効果をあげようと急ぐ気持ちは誰にもあります。しかし、焦りは禁物です。企画、順序、手順など熟慮することが大事です。

大業を成し遂げようとする者ほど、たとえ小さなことでも急いで失敗を重ねることは避けるべきです。落ち着いて時を待つという姿勢が欠かせません。

⑩ 怠惰な者に対しては心改めるまで待つ

衰えた村を復興させるには、篤実《とくじつ》精励《せいれい》の良民を選んで大いにこれを表彰し、一村の模範とし、それによって放逸《ほういつ》無頼《ぶらい》の貧民がついに化して篤実精励の良民となるように導くのである。

ひとまず放逸無頼の貧民をさし置いて、離散滅亡するにまかせるのが、わが法の秘訣なのだ。

なぜかといえば、彼らが改悟改心して、善良に帰するのを待ち受けて、これに団地を与え屋敷を与えるのだから、恨みをいだくことはできず、また善良に帰《き》しないわけにいかないのだ。　　　（語三六六）

正直で善良な者を、まず褒める、大いに表彰して村の模範とする。こうした尊徳のやり方は、徹底していたようです。怠惰《たいだ》な貧民は改心するまで放っておいて、心が改まったら支援を惜しまない。これが尊徳のやり方でした。自分の屋敷、田畑を売って得た金も村の建て直しの資金にしたことは先に述べましたが、必要な金を用意して、惰民《だみん》の改心を待ったのです。

尊徳が行なった物心両面の支援は、やがて貧民の心を動かし、努力すれば必ず認めてくれるという信頼が人びとの心に生まれていきました。

ほめ上手な尊徳は、人の心理を読み取ることにかけて卓越していたといえるでしょう。

3章

勤《きん》、倹《けん》、譲《じょう》こそ富者《ふしゃ》の道

――勤労、分度、推譲で富に至る橋をかけよ

幕末に生きた尊徳は時代の急激な変化のなかで、家族を養い、まじめに働く者たちの暮らしを守るための知恵と努力する姿をたえず示しながら、励まし続けました。

高い年貢米《ねんぐまい》を取られて、働く気力を失い、怠惰《たいだ》に流れる農民たちに働く意欲をもたせ、収入と支出の分度《ぶんど》を決めて将来に備え、計画的に生活を築くことを教えました。

尊徳は農民たちに、生活の安定は経済的自立、つまり富によって得られると教えたのです。

現代の成功者も、生産し、循環させ、分度つまり予算を決めて倹約貯蓄し、納税し、計画的に世に推譲《すいじょう》する生き方をしてきたのです。

まず働くことで経済的に豊かになり、自他共に喜べる暮らしが、人生の堅実な目的なのです。

❶ 勤、倹、譲の一つでも欠けてはならない

報徳《ほうとく》は勤、倹、譲の三つである。勤とは、衣食住になるべき物品を産出することをいう。倹とは産出した物品をむやみに費やさないこと、譲とは衣食住の三つを他に及

ぼすことをいう。

この譲には、いろいろある。今年の物を来年のために蓄《たくわ》えるのも譲だ。また子孫に譲《ゆず》るのと、親戚、友人に譲るのと、郷里に譲るのと、国家に譲るのとがある。みな身分に応じて、つとめて之を行なうことだ。

たとえその場の雇人《やといにん》でも、今年のものを来年に譲るのと、子孫に譲るということは必ずつとめるがよい。

この勤、倹、譲の三つは、かなえ（五徳）の三本足のようなもので、一つでも欠けてはならない。必ず三つ関連して行なわねばならぬ。　（夜一一一）

生活の糧を得るために熱心に働き、そこで得た収入はむやみに費やさず、未来のために備え、人のため国のために譲り与える。これらのことがうまくかみ合ってこそ、豊かな富に至ると尊徳は教えています。

つまり、勤、倹、譲の三つこそ、富に至る確実な橋なのです。

努力する者は必ず報われる。それを信じて努力し、周囲には感謝と喜びを示す。そうすれば必ず、豊かな人生が与えられると尊徳は教えているのです。

❷財貨は世の中に風のように満ちている

天下の財貨は風のようなものである。風は天地間にいっぱい満ちているものだ。だから、扇子であおげば、扇子に相当する風が生じ、うちわであおげば、うちわに相当する風が生じ、唐箕《とうみ》であおげば、唐箕相当の風が生ずる。あおぐことをやめても、風は天地間になくなったわけではなく、さらにあおげば、さらに生ずる。

同じように財貨は世の中に満ち満ちているものだ。

だから豆腐屋を営めば豆腐屋相当の財貨を得、造り酒屋を営めば、造り酒屋相当の財貨を得、呉服屋《ごふくや》を営めば呉服屋相当の財貨を得る。それぞれの商売を休んでも、財貨は世の中になくなるものではない。

また商売を始めれば、また得られるのだ。

（語六六）

富を生む仕事やアイディアは、どこにでもあり、風のようにあなたの周囲に満ち溢《あふ》れています。それを財貨《ざいか》、すなわち富に変えるのは、ひらめきと感性、力と努力しだいなのです。

ただ夢見るだけでなく、風を捉えて行動することが必要です。一本のピンも放置すれば泥にまみれ、ごみになりますが、かがんで拾えば、何かの役に立つのです。

❸今日のものを明日に譲《ゆず》れば富に至る

譲《じょう》というのは人道《じんどう》であって、今日のものを明日に譲《ゆず》り、今年のものを来年に譲るということをつとめない者は、人であって人でない。宵越《よいごし》の銭を持たぬなどというのは、鳥獣の道であって、人道ではない。

しかし人により家によって、年寄りや子供の多いところ、病人があるところもあるのだから、軒並みに法を立てて厳重《げんじゅう》にいったところで、行なわれるものではない。ただ、富裕者によく教え、有志の者によくすすめて行なわせるのがよい。

この道をつとめる者は、富貴《ふうき》や栄誉が集まってくるし、この道をつとめない者は、富貴や栄誉が遠ざかっていく。少し行なえば少し集まり、多く行なえば大いに帰する。この譲道《じょうどう》だが富者《ふしゃ》ばかりではない。金や穀物ばかりでなく、道も譲らねばならぬ、あぜも譲らねばならぬ、言葉も譲らねばならぬ、功績も譲らねばならぬ。よくつとめるがよい。　（夜一七二）

報徳《ほうとく》の真髄ともいうべき推譲《すいじょう》の概念は、名実ともに富と名誉に至る人の道と呼べるものです。人の器と力量の大きさによって結果の大きさも異なってきます。知力、体力のある者は多く働き、富をつくり、それを世に譲って人を救いなさいと、尊徳は教えているのです。

貧しくて人に譲る量が少なくても、その思いが大きければ、富む人が余裕があって譲るよりもその価値は大きいのです。

思いきって譲らなければ、世の中はよくなりません。持てる者の義務と考えて、世のため人のために、多くの推譲をしてほしいのです。よく譲る人は、その人徳を称えられ天徳を得られる人となるでしょう。

❹多く譲れば多く返ってくるのが天理である

世の中で富者が、みんな足ることを知らずに、飽《あ》くまで利をむさぼり、不足を唱えている。

それはちょうど大人が湯ぶねの中に突っ立って、かがみもせずに、湯ぶねが浅すぎるぞと、怒鳴るようなものだ。望みにまかせて湯をふやせば、小さな子は湯に入れなくなる。だから自分が、かがまないのがまちがいなのだ。

このまちがいがわかってかがみさえすれば、湯はたちまち肩まできて自然と十分になるだろう。世間の富者が不足を唱えるのは、これと何ら変わりはない。

この湯ぶねが、大人がかがんで肩につき、子供は立って肩につくのを中庸《ちゅうよう》とするように、百石《こく》の者は五十石にかがんで五十石の余財を譲り、千石の者は五百石にかがんで五百石の余財を譲る。これを中庸というべきだ。もし町村で一人この道をふむ者があれば、人々はみんな分を越えた誤ちを悟るだろう。

古語に「一家仁《じん》なれば一国仁に興《おこ》る」というのはこのことだ。よく心得なければならない。

仁というのは人道の極致であるが、この湯ぶねの湯のようなものだ。これを手で自分の方へかき寄せれば、湯はこっちの方へ来るようだけれども、みんな向こうの方へ流れ帰ってしまう。これを向こうの方へ押してみれば、湯は向こうへ行くようだけれども、やはりこっちの方へ流れて帰る。

少し押せば少し帰り、強く押せば強く帰る。これが天理なのだ。仁といったり義といったりするのは、向こうへ押すときの名前で、手前にかき寄せれば不仁となり不義となるのだから、気をつけなければならない。

古語に「己《おのれ》に克って礼に復《かえ》れば天下仁に帰す。仁をなす己による。人によらんや」とある。己というのは手が自分の方へ向くときの名前だ。礼というのは、この手を相手の方に向けるときの名前だ。

だから私はつねづね、奪うに益なく譲るに益あり、これが天理なのだと教えている。

（夜一七二）

尊徳は、東洋の仁、義、礼の教えを湯ぶねにたとえて、じつにわかりやすく説明しています。

これらの教えは、西洋のキリスト教によるヒューマニズム、人道主義と同質で、レベルの高い人格形成を目的としていますが、「奪うに益無く譲るに益あり、これが天理なのだ」という尊徳の言葉は、四書五経を知らない人々の心にも深く染み込んでいったに違いありません。

『二宮翁夜話』を著して尊徳の言葉を後世に伝えた福住正兄《ふくずみまさえ》は箱根湯本の老舗旅館十代の当主でしたが、こうした尊徳の教えを実践し、明治十年前後に建てた「金泉楼」「萬翠楼」の洋風建物は後に国の重要文化財指定を受けています。木戸孝允、大久保利通、伊藤博文なども訪れています。

❺ 譲《ゆず》って損はなく奪って得はない

譲《ゆず》って損はしないし、奪《うば》って得をしない。見ようとしても見えないし、あるのだか知り得ない。また行なっても言い難《がた》い。それで容器に水を入れて、前後左右等分の深さにしておいて、水を前の方にかき寄せると、水は向こうの方へ流れて少しも止まらないで、終《つい》には元の深さになってしまう。また、向こうに押しやれば、少しも止まっていないで、こちらに返って元の通りの深さとなる。

水を右の方へ押しやれば左の方へ流れ、左の方へ押しやれば右の方へ流れ、急にかけば急に流れ、悠然《ゆうぜん》とかけば悠然と流れ、間もなく元通りの深さに帰る。

これをよくよく弁《わきま》えたならば、奪って益なく、譲って損はないだろう。

（天録増減鏡）

儒教、仏教、キリスト教など、宗教の極致は仁愛を説いています。尊徳はそれを実践し、その結果が自分の得になることを知ったのです。

西欧文明の基礎となったキリスト教の愛、仏教の慈悲心などは、いずれも人類文化の究極の精神と生き方であり、人間世界の秩序と平和を守るため、争いと奪い合い、紛争から離脱するための原点だったのです。

それを日常的にどう行なうかが尊徳の言葉になっています。

「手を自分の方へ向けておいては、仁を説いても義を講釈《こうしゃく》しても、何の役にも立たぬ」と、当時の学者や指導者の不徳、不作為の罪を、尊徳は厳しく訴えています。

戦後の教育に欠けているのは、この人間の人格を育てる徳育、モラルの欠如です。

子供の心に「奪い合い」の特殊な生活指導を行なった戦後の教師たちは、そのまちがいを正さねばなりません。道徳の基本は、まず善悪を知り、善を正義として行なう勇気をもつことから始まるのです。

❻ 貧窮《ひんきゅう》に陥るのは分内《ぶんない》の財を散らすため

国や家が窮乏《きゅうぼう》に陥るのはなぜかといえば、分内《ぶんない》の財を散らしてしまうからである。これを散らさないようにさえすれば、国も家も必ず繁栄を保つことができる。人が寒さに苦しむのは、全身の温かさを散らしてしまうからで、着物を重ねて体を覆《おお》えば、すぐに温かくなる。

これは着物が温かいのではない。全身の温かさを散らさないからだ。もし衣類そのものが温かいのなら、質屋《しちや》の倉からは火事がでるはずだ。けれども一度もそれで火事になったためしがないから、衣類が温かいものでないことが知れる。

分度《ぶんど》（予算計画）と、国や家との関係は、ちょうどこの着物のようなものだ。それだから国や家の衰《おとろ》えを興《おこ》そうとするには、何よりもまず分度を立てるがよい。分度が立ちさえすれば、分内の財が散らないから、衰えた国も興すことができ、つぶれかけた家も建て直すことができる。

（語七）

暑さ、寒さを人が感じて、それを快適に過すためには、衣類を着たり、脱いだり、基本となる体温を中心に、着物を脱ぎ着する。その度合いを分度として、いかに凍えないよう快適さを保つかを示したのです。

家族の衣食を守るためには計画的な金の使い方が必要で、貯蓄や保険は生活や事業を守るためにつねに別立てで行なうべきです。それは将来の成功と幸福に至る「橋」と考えるとよいでしょう。

緊急時の備えはつねに心がけることが大事です。

❼人の人たるゆえんは推譲《すいじょう》にある

樹木を植えて、三十年たたなければ材木にはならない。だからこそ後世のために木を植えるのだ。今日用いる材木は、昔の人が植えたものだとすれば、どうして後世の人のために植えないでよかろうか。

鳥や獣《けもの》は今日の食物をむさぼるばかりだ。人間もただ目前の利益をはかるだけなら、鳥や獣と変わらない。
人の人たるゆえんは推譲《すいじょう》にある。
ここに一粒の米がある。これを食ってしまえばただの一粒だが、もし推《お》し譲《ゆず》ってこれを蒔《ま》き、秋の稔《みの》りを待ってから食えば、百粒食ってもまだ余りがある。これこそ万世変わらぬ人道《じんどう》なのだ。（語六八）

明日のために今日働き、半年後の稔りのために今日一粒の米を蒔けば、それは後の百倍、千倍の米になり富と幸福の第一歩となるのです。

将来の幸せと豊かさを望むなら、いまの自分を磨き鍛《きた》え、人生を生き抜く計画を立てるべきでしょう。

目先の利を追わず、勤苦勉励《きんくべんれい》して将来のために備えるのです。

家や橋をつくる木材は、三十年待たなければ使えません。それを計画し将来のために力を尽くすのが鳥獣とは違う「人道作為」なのです。

学ばず、働かず、怠惰《たいだ》な日々を過して楽をしようとすれば、貧に至る道しかありません。目先の利を追わず、自分に適した仕事人生を着実に築いてほしいものです。あなたがいかに努力したかが、富と成功の分かれ目になるのです。

❽推譲こそ成功への近道と知れ

鳥獣《ちょうじゅう》にはまちがっても譲の心が生ずることはない。これが人類と畜類《ちくるい》の区別なのだ。田畑は一年耕さなければ荒地《こうち》となるが、荒地は百年たっても自然と田畑になることはない。

人道は自然ではなく、作為《さくい》のものだから、人道は作ることにつとめるのを善とし、作ったものを破るのを悪とするのだ。何ごとも自然にまかせれば、みんなすたれる。これをすたれぬようにつとめるのが人道だ。

たとい人と生まれても、譲りの道を知らなかったり、知っていてもつとめなかったりでは、安堵《あんど》の地を得られないのは鳥獣と同じことだ。

だから人たるものは知恵はなくとも、力は弱くとも、今年のものは来年に譲り、子孫に譲り、他人に譲るという道をよく心得て、よく実行すれば、必ず成功すること疑いない。そのうえにまた恩《おん》に報《むく》いるという心掛けがある。これも心得て、どうしてもつとめねばならぬ道なのだ。

（夜一六八）

尊徳は、人類文化の継承、社会福祉の充実は、推譲の賜物《たまもの》と教えました。働くことに喜びと感動をもって行ない、人のために役立つものを創《つく》り出し、努力して貯えたものを自他へ譲っていくことを推譲としたのです。

人の道とは知恵も技術も資力も、後の人と世のために推《お》し譲《ゆず》ること、それが大きく人類の幸福につながるのだと教えました。人道においては、作為、創造することが善で、破ること、破壊することが悪なのです。

人の道、つまり人としての最低の責任とは、まず学び、善を行ない、悪をこらしめて正義のために信念を通す勇気をもつこと。自立、自尊の独立した人生を築くこと。一人ひとりが自覚して、その努力をすることです。

❾国や家の土台は分度を立てることにある

分度を立てるとはどういうことかというと、一年の気温には寒暑《かんしょ》があり、昼夜の長さには長短がある。

国には盛衰があり、家には貧富があり、作物には豊凶《ほうきょう》がある。寒暑、長短を平均すれば春分、秋分の節となるように、盛衰、貧富、豊凶を平均すれば、中正自然《ちゅうせいしぜん》の数を得る。その中正自然の数に基づいて、国や家の分度を立てるのだ。

これこそ土台ともいうべきであって、これを守れば国も家も、衰廃窮乏《すいはいきゅうぼう》のおそれはない。これこそが報徳を行なう方法の根本なのだ。（語七）

現代の雇用形態はかなり変化していますが、若者が労働を嫌い、楽な仕事だけを求める傾向が強いのも事実です。

慣れない仕事、苦労の多い仕事から逃げ出す若者は、それでも仕事を選べる若い時期はよいでしょうが、夢だけ追って自立への自覚が乏しいままでは必ず行き詰まるときがきます。

親も周囲もそれを許していたことが若者の独立、自立を妨げ、不幸を招く結果となっているのです。尊徳は働くことからすべてが始まる、と強く説いています。

家庭にしても企業や国家にしても分度を立てて、しっかり働き、貯えることが基本中の基本です。

4章

リーダーが備えるべき道理

——争わずに富と成功を得る

良い政治家、良い経営者とは、人格、識見ともに優れ、誠実さと実行力がある人といえるでしょう。

互いに徳性を尊重しながら協力し合い、一つの目的を達成することが、仕事を通じて社会貢献できる喜びになるのです。そこに到達するには、やはり人間理解が必要で、富と成功に近道はないのです。

バブル崩壊後の日本は、世相も一変して、大手の企業が倒産、崩壊に見舞われ、従業員やその家族たちが、悲惨な状態に追いこまれました。

まさに創業も大変ですが、拡大した企業を守るのは、さらに難しいといわねばなりません。経営者の見こみ違いは大きく響き、遊惰《ゆうだ》、怠慢《たいまん》も一度流れにのると、災難を止めるのは難しく破滅はまたたく間といえましょう。

創業のときは経営者も従業員も一致団結して心は活気に満ち、上を目指して引き締まっています。しかし、器の水を零《こぼ》さずに平らに保つのは難しいのです。

日産自動車の行き詰まりを打開するため招かれたカルロス・ゴーン氏のやり方には、日本のリーダーが学ぶべき多くのものがあるようです。

ゴーン氏を招いた当時の日産首脳部の器量も判断も、「我」を除いた道にかなったものがあったと思われます。

ゴーン社長は社員のモチベーションにどう点火するかを、最重点にしたようです。「全社員が、まったく同じ時間に私のメッセージを聞くこと」――、その時間、日産の国内工場の生産ラインが止まり、工員の一人ひとりに至るまで、彼の着任メッセージに耳を傾けたといいます。

一人ひとりの心に呼びかけ、日産の危機をいかにして救うかを訴えたのでしょう。一年後にリバイバル・プランを発表し、三年後には五倍の営業利益を出した実績は、工員一人ひとりに至るまで全社員が、その気にならなければできることではありません。

一人ひとりを大事にし、人間の能力を最大限に引き出すゴーン社長の人間理解の深さと謙虚さを感じないわけにはいきません。

トヨタと並んで、三千億円の黒字決算の報道がされたのは、わずか二年目の秋でした（H14・10・24　日経新聞）。

洋の東西を問わず成功する事業は、大小にかかわらず指導者の至誠と行動力の結果であることに嘘偽りはありません。

❶運、不運に迷うことなく明るく努力せよ

昔から方位で禍福《かふく》を考えたり、月日で吉凶《きっきょう》を説いたりすることがあって、世間ではこれを信じているが、この道理はあり得ない。

禍福吉凶は方位、日月などとは関係のないもので、これを信ずるものは迷いだ。悟《ご》道家《どうか》は「本来東西なし」とさえいうではないか。禍福吉凶というものは、人それぞれの心と行ないとが招くところに来る。

また、過去の因縁によって来る場合もある。名僧が強盗にあったときの歌に「前の世の借りを返すか、いま貸すか、いずれ報いはありとしぞ知れ」と詠《よ》んだとおりだろう。決して迷ってはならない。

だいたい盗賊《とうぞく》は鬼門《きもん》から入るわけでない。悪日《あくび》にばかり来るのでもない。戸締りを忘れると賊は入ってくるものと思え。

古語に「積善《せきぜん》の家に余慶《よきょう》あり、積不善《せきふぜん》の家に余殃《よおう》あり」とあるが、これは万古を貫いて動かぬ真理だ。決して疑ってはならない。

信ずべきものは「積善の家に余慶あり」の金言《きんげん》だ。けれども、この余慶も余殃も必ずしも、すぐに回ってくるものではない。ことわざに「桃栗三年、柿八年」というように、因果《いんが》にも応報《おうほう》にも遅速《ちそく》があることを忘れてはならない。

（夜一〇四）

地方の素封家《そほうか》のお宅を訪ねたとき、漢詩による「積善家在余慶」の額が掛かっていました。家人に意味を尋ねられたので、善を積み重ねた家に慶事や幸福があることだと話しましたが、この方は、意味を知らなくても、日々善を積む実践をしたので祝儀に贈られたのでしょう。

一家の幸福は傍から見れば羨望の慶事なのです。因果論について知らなくても、善を重ねれば善の結果が生まれる証しです。迷信に迷うことなく、日々細心の注意と努力で生きることです。

「幸も不幸も突然にくるものではなく、遅速がある」と尊徳は言います。また不幸にも諦めず努力すれば、いつか福に転換できるのです。運不運に迷うことなく、明るく努力をすることです。

❷「一家を廃《はい》して万家を興《おこ》す」覚悟が必要

自分が小田原から下野《しもつけ》の桜町陣屋《じんや》（栃木県真岡市物井）に赴任したとき、自分の家をつぶして、四千石の復興という一途《いちず》に身をゆだねたが、それはこの道理に基づいたのだ。

釈迦は生者必滅《しょうじゃひつめつ》の理を悟って、自ら家を捨て、妻子を捨てて、道を今日のように広めたが、この道理を悟ったまでのことだ。

およそ人と生まれ出た以上は、死ぬのは必定《ひつじょう》だ。長生きといっても取るに足らぬほどの相違で、たとえばローソクに大中小とあるようなものだ。

人と生まれ出た以上は必ず死ぬものと覚悟してしまえば、一日生きれば一日のもうけ、一年生きれば一年の得だ。　（夜二四七）

尊徳が事を起こすときには、つねに退路を断って前進する覚悟がありました。

現代でもそれは同じで、ひとたび責任ある立場に立ったとき、人はその覚悟が必要です。

それは、尊徳が述べるように、死生に対する悟りから生まれるものです。とくに、混迷の現代に挑戦し、人を幸福に導くリーダーに、そうした姿勢が強く求められているのです。

いま尊徳の生き方が求められる理由の一つもそこにあります。

尊徳はやる気のある農民には〝無利息金貸付〟を行ないましたが、その原資は父母なきあと自力で築いた家と田畑のすべてを売ったものを資金としました。まさに〝一家を廃して万家を興す〟という覚悟で農民救済を実践したのです。

❸利をもって利とせず、義をもって利とせよ

世界のうちで法則とすべきものは、天地の道と、親子の道と、夫婦の道と、農業の

道の四つだ。これらはまことに両全《りょうぜん》のもの、完全なものであって、すべてのことは、この四つを手本とすればまちがいない。

私が「おのが子を恵む心を法《のり》とせば、学ばずとても道に到《いた》らん」と詠《よ》んだのは、この意味なのだ。

どうしてかといえば、天が生命の根元《こんげん》の徳をくだせば、地はこれを受けて万物を発生させる。親は子を育てるのに損得を忘れて、ひたすらその成長を楽しむし、子は育てられて父母を慕う。

夫婦の間でもお互いに楽しみ合って子孫が相続する。農夫は勤労して植物の繁栄を楽しみ、草木はまた喜んで繁茂《はんも》する。みんな、ともどもに苦情《くじょう》がなくて、喜びばかりだ。この道に則《のっと》るならば、商売のしかたは売って喜び、買って喜ぶようにするべきだ。貸借もそうで、借りて喜び、貸して喜ぶようにするべきだ。

万事がそうなのだ。報徳はこれを法則としている。つまり、天地が万物を生成発展させる心を心とし、親子と夫婦の情にもとづいて、損得を度外に置いて国民生活の潤《じゅん》沢助長《たくじょちょう》と郷土の復興繁栄を楽しむのであって、そうでなければできない仕事である。

たとえば無利息金貸付の道は、元金の増加するのを得とせず、貸付商の増加するのを得とする。すなわち「利をもって利とせず、義をもって利とする」わけだ。だから元金は百円で増えなくても、六十年間くりかえし貸しつければ、その貸付高は一万二千八百五十円となる。

まさに日輪《にちりん》が万物《ばんぶつ》を生育して、何万年たってももとの日輪であるようなものだ。古語に「敬するところの者すくなくして、よろこぶ者多し。これを要道という」とあるに近い。

元金は百円で増減がなく、しかも国家人民のために莫大な利益になるのだ。

およそ万事は、どうなるかという先を見通して、前もって決めておくことが肝心だ。人は生まれると必ず死ぬべきものである。死ぬべきものだということを前に思い定めてかかれば、生きているだけ日々もうけものだ。これが、わが道の悟りである。

生まれたからには、死のあることを忘るべきではない。夜が明けたら暮れるということを忘れてはいけない。

（夜一〇二）

人は生きている間、自分の死をあまり考えないものですが、幼い頃、母からよくこんな言葉を聞きました。

「いつまでもあると思うな親と金、無いと思うな運と災難」

この言葉は、母亡き後も自分を戒める言葉となって心に響いています。人の命も親も、そのときはあるのが当然と思いがちです。しかし、尊徳が言うように、いつまでもあるものではありません。

そのことに気付かないから、高利でお金を貸し出し、自分の懐だけを肥やしたくなるのです。

尊徳は、無利息で貸し付けると、手元の元金は増えないけれど、その義は人や国をもっと豊かにすると教えています。人の成功を応援していると、それは必ず自分に義のある、もっと大きな成功をもたらしてくれるのです。

❹我も人も、これ以上尊いものはない

「天上天下唯我独尊《てんじょうてんげゆいがどくそん》」ということを俠客《きょうかく》の連中などが広言をはいて、「天下広しといえども、おれに勝る者はない」などというのと同様に、釈迦《しゃか》ばかりでなく、世界中みんな、我も人も、ただこの我こそ天上にも天下にも尊いものなのである。

我に勝って尊いものは決してないのだという教訓のことばである。

だからして、銘々《めいめい》おのおの、このわが身が天地間にこの上なく尊いものなのだ。なぜならば、天地間に我というものがなければ、物がないようなものだからだ。

だから銘々おのおのみんな、天上天下唯我独尊だ。犬も独尊なら鷹《たか》も独尊である。猫も杓子《しゃくし》も独尊といってよいものだ。（夜四五）

これほど痛快な尊徳の言葉はないでしょう。また、これほど平等にすべての生あるものを愛おしみ、大事に思う心情はないでしょう。

「猫も杓子も独尊」という思想は素晴らしいものです。分け隔てのないおおらかな愛の心は、まさに神代の頃の天照大神《あまてらすおおみかみ》、宇宙を動かす神の心とも思われます。人を愛し、農業を大切にした尊徳は、命あるものすべてを神の分身と思ったのです。

自分自身を大事に思う心が誰にでもあることを理解すれば、他を思いやる気持ちも出てくるのです。「我」を取り去れという尊徳の言葉と矛盾するようですが、まず正しい自己の確立が人間自立の基本なのです。

❺ 報恩《ほうおん》、報徳《ほうとく》の精神が幸福の原点

恩を受けても報《むく》いないことが多いだろう。徳を受けても報《ほう》じないことが少なくないだろう。

徳に報いることを知らない者は、将来の繁栄のみを願って、その根本を培《つちか》わないから、自然に幸福を失うことになる。

よく徳に報いる者は、将来の繁栄のことはさておき、今日ただいまの丹精《たんせい》を心掛けるから自然と幸福を受けて、富貴《ふうき》がその身を離れない。

じつに報徳は百行《こう》の長、万善《ばんぜん》の先というべきだ。なぜならば、よくその根元を押しきわめてみるがよい。

身体の根元は父母の生育にある。父母の根元は、祖父母の丹精にある。祖父母の根元は、そのまた父母の丹精にある。こうして押しきわめてゆくと、天地の大生命に帰する。してみれば天地は大父母である。それゆえ「元の父母《ちちはは》」といってみた。

私の歌に「きのうより知らぬあしたのなつかしや、元の父母ましませばこそ」とあるのがそれだ。天地自然の恩恵の有難いことは明らかではないか。


（夜七、語二九四）


もし明日から太陽が出ないということになったら、一切の努力を放棄するでしょう。明日があるから今日努力をするのです。

天地自然の恩恵を「元の父母」と呼び、それに感謝し報いる心があれば、日々の丹精を惜しみなくするのです。その結果が富貴《ふうき》と幸福を得ることになり、成功達成の循環が生まれます。因果論者は、素直にそれを信じ努力して成功するのです。

苦労の末に亡くなった父母の恩恵を受けて、自分が人のために仕事ができる、その喜びと感謝の気持ちを終生、尊徳は忘れることがありませんでした。

パスカルが〝人は考える葦《あし》〟といったように、学び、考え、悟ることによって、より明確に生きる意味を知り、生かされている喜びと感謝が繁栄の道につながるのです。

子への愛、父母への恩を忘れたとき、幸福から遠ざかることを知るべきでしょう。

❻努力して徳を積むことが富貴《ふうき》に至る道

いま、富める者は、必ずといってもよいほど、その前から徳を積んだものである。もし麦を蒔《ま》かなかったら、来年は麦が完《まった》くみのらない。麦のみのりは冬から力を入れてきたからである。稲を仕つければ秋にはみのる。米のみのりは、春から丹精してきたからである。

今日安楽に暮らすことは、父母や祖父母が丹精したことにある。そのように考えれ

ば、子孫が繁昌《はんじょう》するためには、今日の精進《しょうじん》が何よりも大切である。（真筆選集）

現代は、地道な努力をバカにし、嘲笑する傾向すらあります。うまくいった情報ばかりが流され、目先の利を追うだけで、地道に種蒔きをし育てる努力の積み重ねがなければ、決して良いみのりは得られないことを教えないのです。

苦労を知らない子らは怠惰《たいだ》になって、富から遠ざかるのは当然です。努力して徳を積むことが富貴に至る道だと教えなかった教育の荒廃が、多くの若者を怠惰にし無力化したといえるでしょう。

マスコミもまた地道な努力を讃えるより、たなぼた的成金主義をおもしろがる傾向があります。現代社会の罠に陥らないよう気をつけることが大切です。

❼人間らしい優しさが和をもたらす

天があれば地がある。そこで陰陽、日月、寒暑《かんしょ》、昼夜が相まって循環するのが自然の理法だ。

人道も同様で、夫があれば妻があり、父があれば息子があり、君主があれば臣民があり、教師があれば学生があり、貸主があれば借主があり、商人があれば買手があり、かごかきがあれば乗り手があり、これらがみな相まって生活を営むことも自然の道理だ。

ところが、人に救われることは願っても、人を救うことを好む者がないのは、どうしたことだろう。

いま貴賤《きせん》があり貧富があるときに、身分の高い者、富んだ者が人を救うことを好まなければ、身分の低い者、貧しい者はどうして人を救う気持ちになれようか。世間が互いに救い合わなければ、どうしてお互いの生活が遂げられようか。

身分の高い者、富んだ者がおのおのその分《ぶん》を守って余財を推《お》し、これを身分の低い者、貧しい者に及ぼしたならば、ちょうど天の気が下にはたらき、地の気が上へはたらき、天地相和して万物が育つように、貴賤貧富が相和して財貨が生じ、両々相まって世の中の生活は日に豊かになり、国家は必ず治まるのだ。

（語四〇五）

聖徳太子が「和をもって貴しとすべし」と十七条憲法の冒頭にあげましたが、ある本を読んだとき、「和」に「やわらぎ」とルビがあったことを思い出します。

太子は、権力を得た者が犯しやすい傲慢、横柄《おうへい》、威圧的な態度を戒め、人間らしい優しさを示して譲り合うことの大切さを「やわらぎ」と表現したのでしょう。

尊徳もまた上に立つ者の心得として、人を思いやる優しさが大切なのだと言ったのです。

現代の凶悪化した犯罪が多発する原因の一つは、そうした人間らしい優しさを教えることを怠ってきた教育の貧しさにもあります。教育のあり方が国民の幸、不幸を決め、国の行方を決めるのです。「教育は国家百年の大計」の古語が真実であることにまちがいはありません。

❽政治の要は国民の仕事と食を足らすこと

田畑が荒れるのは惰農《だのう》の罪で、人口が減ずるのは生まれた子を育てない悪習のせいと世間では言っているが、たとえどのような人でも、ことさら田畑を荒らして自分で困窮しようと考えてやっている者はない。

また人間は、鳥や獣ではないから、親子の情がないなどということもない。それなのに子供を育てないのは、食物が乏しくて、育てきれないためなのだ。

よくその実情を察すれば哀れという外はない。その元はといえば、重い課税に耐えられぬために田畑を捨てて作らないことと、政治が行き届かぬために堤防や排水や道路、橋梁《きょうりょう》が破壊されて、耕作に支障を来したり、ばくちが盛んに行なわれて風俗が乱れ、まともな民心が失《う》せ果てて耕作しなくなること、この三つだ。

古語に「重んずるところは民食葬祭《みんしょくそうさい》」とあるように、もっとも重んずべきものは住民の米びつである。——だから聖語に、政治の要は「食を足らす」ことだとある。まことに重んずべきものは人民の米びつだ。

（夜一八九）

仕事と食は国民の誰もが求めています。国民の幸、不幸を決める政治家が十年、二十年先の時代の流れを見定めて、国民を導いていかねばなりません。

惰農が出るのも怠けていたいわけではない。子供が少ないのも好きで産まないのではなく、食べていけないから子もつくらないのです。現代の少子化も、そこに原因があるのです。この現実を知るべきです。

使命感も責任感もなく、自分の名誉と食のために政治家になるなど、まさに政治屋であり、現代の混迷も、このまちがいがもとになっているのです。

尊徳が生きた幕末の農民のように、作っても年貢に取られるだけでは働く意欲が失われるという状況は、現代にも通じる問題です。

❾この世に生きるものは、みな天の分身である

人はもちろん、鳥獣、虫魚《ちゅうぎょ》、草木にいたるまで、およそ天地間に生々《せいせい》するものは、みんな天の分身といえる。

ぼうふらでも、かげろうでも、草木でも、天地の造化《ぞうか》の力を借りずに、人力で生育させることはできないからだ。

人は万物の霊長といって、鳥獣、虫魚、草木を勝手に支配しているが、しかし本来は、人と鳥獣と草木と、何の区別があろう。みんな天の分身なのだから、仏教では悉《しっ》皆成仏《かいじょうぶつ》と説いている。わが国は神国だから、悉皆成神《しっかいじょうしん》というべきだ。

それなのに世人が、生きているときは人で、死んで仏になると思っているのはまちがいだ。生きて仏であるからこそ、死んで仏なのだろう。生きてさばの魚が、死んでかつおぶしになる道理はない。林にあるときは松で、切ったら杉になるという木はない。だから生前から仏であって、死んで仏になり、生前から神であって、死んで神なのだ。

この道理は明白ではないか。

神といい、仏といい、名は異なっているが、実質は同じだ。国が異なるから名が異なるだけだ。私がこの趣旨をよんだ歌にこんなのがある。

世の中は草木もともに神にこそ　死して命のありかをぞしれ

世の中は草木もともに生如来《いきにょらい》　死して命の有りかをぞしれ

（夜四四）

尊徳は、自然がすべての道理を教えていると、くり返し伝えています。心眼を開いたその洞察力は驚くべきものがあります。

自分はなぜこの世に生まれたか、父母が苦労しながら生み育ててくれた生命《いのち》の意味は何かを知ること、考えることが、自分の人生に意味をもたせるのです。また、仕事は自分の生きる意味を表現する手段なのです。

本来の学校教育は、それを知らせるためにあるといえるでしょう。

5

章

「報徳《ほうとく》」こそ幸せに至る根本哲学

——天地自然の経文《きょうもん》から学ぶ

古今東西を通じて成功した人たちは、一貫した人生哲学をもっていました。それは、因果論を信念としてもっていたのです。

種を蒔《ま》けば天地の恵みをうけて芽が出、花が咲き、実がなる。この自然の原因と結果の因果関係が自然界のすべてのものに当てはまることを、成功者たちは体験とさまざまな教えのなかから知っていたのです。

日本でもよく知られたアメリカの神学者で科学者のジョセフ・マーフィ博士は、その著書のなかで著名な思想家ラルフ・エマーソンの「成功した人はすべて、自分は因果論者であることを認めている」という言葉を紹介しています。

博士は、牧師として活動しながら、人生は偶然ではなく、心の法則によって決まると説いています。成功への強い意志が、人生を効果的に導くのです。プラス思考の効果といえましょう。

尊徳もまったく同じで、心田開発によってより積極的に人生を切り開いていくことをすすめました。

尊徳は、貧困と怠惰が慢性化したかつての農民たちから働く意欲を引き出しました。一鍬《くわ》から耕して肥沃《ひよく》な耕地にし貧困から脱出させるのは、始めは難しくても一度心に火がつけば、あとは黙っていても結果が出せるのです。

働くことによって衣食住が整い、礼節を知ることは、さらに人生を豊かにし自他ともに善い結果を生むのです。いまは、それを教える人がいないのです。

この世に生まれたからには、なすべきことがある。一人ひとりが自分の使命に目覚めて仕事をし、経済的に自立して助け合う。それによって良き人間社会になるというのが「報徳」の教えです。

それは、尊徳の思いと行動を表わすもので、心の科学を知っていたマーフィが示したことと同じでした。

「報徳」はすべての人、すべての物を生かし、自分の成功だけでなく、すべてを成功に導く成功哲学といえるでしょう。

❶「己《おのれ》（自分）」という私物を捨て去る工夫が肝心

心に狭い限りができては、真の道理を見ることができない。世界は広いのだから、心は広くもたねばならぬ。

しかしその広い世界も、自分といい、我という私物を一つ中に置いて見ると、世界の道理はその私に隔てられて、見るところがみんな半分になってしまう。

己というもので半分を見るときは、借りたものは返さぬほうが都合がよく、人ののを盗むのは、もっとも都合がよいけれども、この隔てとなっている己というものを取り捨てて、広い立場で物を見るときは、借りたものは返さねばならぬという道理がはっきり判り、盗むということは悪事であることも明らかにわかるものである。

それゆえ、この己という私物を取り捨てる工夫が肝心だ。

儒教も仏教も、この取り捨てかたを教えるのを専一《せんいつ》としている。論語に「己に克って礼に復れ」と教えたのも、仏教で悟道《ごどう》といい、転迷《てんめい》というのも、みんな、この私を取り捨てる修行なのだ。

この私という一物を取り捨てたならば、万物不生不滅《ばんぶつふしょうふめつ》、不増不減《ふぞうふげん》の道理も、明らかに見えるのだ。（夜九四）

前述したように尊徳は少年時代の極貧生活から、自分の信念に基づいて、勤、倹、譲を実践し、独立を果たして三十一歳になったときには田畑三町八反歩（約四ヘクタール）を所有するまでになり、藩主大久保忠真《ただざね》公から表彰されます。

さらにその実績を買われて三十五歳で、桜町（栃木県真岡市）の廃村建て直しを命じられます。

尊徳はそれを受け、一家再興の手法を行政再建のために行なうことを決意して、家屋田畑を処分し、得た金、全六両を持って桜町陣屋に移り住むのです。

人の生きる道を示して農民を励まし、貧困と飢餓《きが》から救った尊徳の生涯は、聖人ともいえる生き方で、キリストや釈迦《しゃか》と同様、人に希望と悟りを開かせた意味で宗教に通じるものがあり、日本が世界に誇れる偉大な思想家といえましょう。

❷ 吉凶好悪《きっきょうこうお》は全て「我《われ》」から生ずる

吉凶好悪《きっきょうこうお》は「我」から生ずる。「我」がなければ吉凶好悪はあり得ない。吉凶好悪は一つなのだ。人はその半分を吉として好み、その半分を凶として悪《にく》む。これを、のこぎりで板を引くのにたとえよう。のこぎりが偏れば右と左で、広い狭いができる。その広い方を吉として好み、狭い方を凶として悪む。これは「我」が、あるいは左につき、あるいは右につくからである。板全体がわがものであれば、何の広狭《こうきょう》があろう。何の吉凶好悪があろう。（語三九八）

人はつねに自分を中心に考えます。これもまた半ば仕方がないといえましょう。成長期にある子供たちは、自分を主張し、自分を守る意欲がなければ、自己を確立することはできません。欲が自分を成長させ、正常な人間に育てるのです。

しかし、いつまでも自我を通すことは周囲や職場に抵抗、摩擦《まさつ》を生じて、必ず孤立します。未熟な大人といわれるのです。

コミュニケーションの上手な人は、「我」をいかに低く押えるかに努力しているのです。

「我」を限りなく「無」に近くにし、より公と善に近づく精神が、結果として自分も周囲も救うことになるのです。

私的な「我」に捉《とら》われることがなければ、すべてが公的なものとして考えられ、吉凶も好悪も生じない公正普遍な判断ができるのです。

事業を成功させ「吉」の人生を選ぼうと思うなら「我」を超越する、それが企業や組織を成長させる要素となるのです。

心を「我」から切り離して、恩を受けた「他」や全体に気持ちを向けたとき、不思議に道は開け、強運に導かれます。

尊徳が言う「理に従い、道を得る者は福《さいわ》いなり」は、まことに真実なのです。

❸いい種《たね》も悪い種もすべて自分が蒔《ま》いたもの

米蒔《ま》けば　米の草生《は》え　米の花咲きつつ　米のみのる世の中

（二宮先生道歌選二）

因というのは、たとえば、蒔いた種のことだ。これを耕作培養するのが縁だ。種を蒔いた因と、培養した縁とによって秋のみのりを得る、これを果というのだ。

（夜八八）

日本の経済成長率が六％、七％という時代は、国の税収も多かったですし、生産年齢人口も増えていました。ところが、一九九〇年代を境に、この人口が減少期に入り、支えるべき高齢者人口は増加を続けています。その結果、国の税収が減る一方で、社会保障費は増えるばかりです。

しかし、こうした状況を嘆いていても仕方がありません。尊徳は、春に種を蒔くから秋の収穫があると教えています。少子高齢化という難題を抱えているからこそ、目の前の利益にとらわれず、未来に福をもたらす種を今から蒔いていかなければなりません。

善の実りは善の種を蒔いた結果ですし、悪の結果は悪の種を蒔いた結果なのです。そう常日頃から心することが肝心です。

❹ 強運は毎日の勤労努力なくして開かれない

江川県令《えがわけんれい》（伊豆韮山《いずにらやま》の代官）が尊徳に向かって「君は桜町を数年治めるうちに、年来の悪習が一洗されて、村民は精励《せいれい》におもむき、田畑も開けて農民が集ってきたと聞いたが感服の至りである。君には何か妙術《みょうじゅつ》があるのではないか」と聞いた。

そこで「君には県令としての威光があるから何事でもたいへんしやすいでしょう。自分はもとより無能無術です。けれども威光でも説諭《せつゆ》でもやれないところの、茄子《なす》をならせ、大根を太らせる仕事を心得ていますので、この道理を手本として、怠らずに努めているにすぎません。

草原は一変すれば米になり、米は一変すれば飯になります。この飯には無心の犬や鶏でも駆け集まって、尾を振れといえば尾を振り、回れといえば回ります。心のない犬や鶏でもこのとおりです。ですから私は、ただこの道理を民衆に及ぼして、至誠《しせい》を尽くしただけのことで、別に術というものがあるわけではありません」と答えた。

（夜二〇六）

毎日の勤労努力で、米麦《べいばく》も茄子、大根もみのり、米を飯に変えて犬猫も人も喜ぶ、農民にこの道理を教え、実行した尊徳の話を、代官の江川が聞いたのです。

現代の役人も教育者も、当時とあまり変わらないのかもしれません。上に立つ者に使命感がなく、職責を杲たそうとしなければ、世の中が狂うのは当然です。国家経済の破《は》綻《たん》も学校崩壊も同じことなのです。

組織や企業のリーダーばかりでなく、個人もまた、社会や国益を考え、世界に通用する自立した精神をもってほしいものです。

「我」を捨てて、広く国益を重んじる生き方は、いま、すべての人に求められています。

「至誠《しせい》」は世界の人に通じるもので、富める人、富める国は視野を広げ、その分《ぶん》に応じて貧困と飢餓に苦しむ人たちに推譲《すいじょう》し分け与えることも必要でしょう。

「我」にとらわれて、「怒り、恐れ、好楽し、心配する」と、手違いが生じ、富もまた水泡に帰すと尊徳は警告しています。

❺利は不利に通ずる

賭《かけ》をして負けるのは、勝とうとすることの変化である。

商人が不利を招くのは、巨利をむさぼることの変化である。

脱税や滞納は、しぼりとることの変化である。

よくこの道理を体認《たいにん》して、賭ける者はそのつど銭を賭け捨てにすれば、何の負けもありはしない。

商人の巨利をむさぼらず、買い主の利益をはかれば、何の不利もありはしない。

国がしぼり取ることにあせらず、良き政治をしいたならば、何の脱税滞納もありはしない。

（語四〇四）

裕福なものが余財の一部を投じて勝負を楽しむ、これは許されることでしょう。人間に好奇心や挑戦の興味があるように、健康な精神の人は、その関心を上手に生かして、負けても失うものはありません。

尊徳は賭けをやるなとはいわず、負ける理由を説明します。勝とうとする心が強すぎると、そのために理性を失ってしまいます。まず賭け捨ての覚悟をして、正業に精を出すことをすすめているのです。そうすれば、余財を生み出すこともできるのです。

人間の欲望を正しく生かすことは、人生の上手な生き方です。希望や理想は正しい欲望の現われであり、聖人君子の大欲は国を興し、人類の進化や幸福に役立ちます。

私たち庶民は、親子、兄弟姉妹が助け合い、互いに理解と愛情で支え合って、一家を繁栄させ、良き市民として隣人や友人を助けることができれば、幸福な人生といえるでしょう。

ささやかな良き隣人、良き市民としての生き方が人類の平和と進歩に役立つのです。

賭《か》けごとで悲劇や不幸を招くのは、やはり我欲に走る自分自身であることを知るべきでしょう。

「脱税と滞納は、しぼりとることとの変化である」と尊徳がいうことは、まさに真理です。

国の政策の不備不足が人民の反発、不満を生み、混乱を引き起こすのです。

わが国は、戦前戦中を通じて、政府や軍部の世界を知らぬ判断の誤りと未熟さで、敗戦の不幸を招いたのは事実です。国も人も多くのものを失い、苦難のどん底を味わいました。

昭和二十七年に占領政策から解放され独立したとはいえ、まだ日本は世界常識のうえで、独立していません。自立した国になるには国民一人ひとりの自立が必要です。

戦後の教育荒廃により子供の自立が妨げられ、学校の活力は失われたままです。

少子高齢化が進むなか、このままでは日本の崩壊がくると憂慮する人もいるのです。

❻ 瓜《うり》を植えて茄子《なす》を求めるまちがいをするな

ある人が言った。「私は運が悪いのでしょうか。神明《しんめい》の加護《かご》がないのでしょうか。思うことなすこと、食い違ってうまくいきません」

二宮翁はさとして言われた。「そなたは心得違いをしている。それは運が悪いのでもなし、神明の加護がないのでもない。ただ、そなたの願うことと、することが違うからいけない。

そなたは瓜を植えて茄子をほしがり、麦を蒔《ま》いて米をほしがるものだ。願うことがうまくいかないのではない。できないことを願っているのだ。

それでいて神明の加護がないとか、運が悪いとかいうのはまちがいではないか。およそ瓜を蒔いて瓜がなり、米を蒔いて米がみのるのは、天地神明の加護なのだ。だから、悪事をして刑罰が来、不善をして不幸がくるのは天地神明の加護であって、米を蒔いて米がとれるのと同じことだ。それを神明の加護がない、運が悪いというのはま

ちがいではないか。（夜一〇二）

万物の霊長といわれている人間は、ときにこの過ちを犯します。エリートと呼ばれる人たちは、自己過信が強く、謙虚さを欠いて傲慢、独断に走ることが多いのです。

現代のリーダーの多くは、いつも自分が上位に立たなければ不快感を現わします。資質や力量の有る無しにかかわらず、権威ぶるのです。

下積みで働くことを嫌い、上におもねることを賢いやり方と勘違いして、真の道に至ることが難しいのです。

ときに時流にのって富を得ることがあっても、まちがった心はいつか行動に現われて、人心は離れ、失敗の原因をつくっていくのです。

つましく日々努力して倹約し、賢い素振りも見せることのない者は、いまは貧しく見えても、必ず低いところに水が流れるように富が集まるという尊徳の教えは、まことに解りやすく、素直に聞くものの心には浸透するのです。

運の悪さを嘆いたり、神仏は無いなどと神を恨むのもまちがっています。天地災害も元をただせば人間の悪業の結果といえます。

環境汚染が地球規模で始まっているいま、あまりにも利己心に満ちたやり方で、人も企業も進んできたことを反省すべきでしょう。

悪の種を蒔けば悪の花、悪の実がなります。

人類の反省の時期が来ているのです。

東西の賢人は、人類の進歩を因果応報の論理で人に教えてきました。

吉凶、禍福、災害、苦楽は、みな自分が蒔いた種がみのった結果と思うべきでしょう。

道理なき教育で育った戦後の日本人は、因果論を知らず、我が身の不幸を恨み、人を妬《ねた》むだけで、不幸の原因が自分にあることを悟ることができないのです。

混迷のいまこそ、真の人間学《ヒューマニズム》を学ぶことが必要です。

❼人の死生も自然の循環のうちにある

およそこの世界では、咲く花は必ず散っていく。散ってもまた来る春には必ず咲く。春生ずる草は必ず秋風に枯れる。枯れてもまた春風にあえば必ず生ずる。

万物みな同様だ。だから無常《むじょう》といっても無常ではない。有常《うじょう》といっても有常ではない。種とみるまに草と変じ、草とみるまに花は開き、花とみるまに実となり、実とみるまに元の種となる。

だから種となったのが本来の姿か、草となったのが本来の姿か。

これを仏教では不止不転《ふしふてん》の理《ことわり》といい、儒教では循環の理という。万物は、すべてこの道理からはずれることはない。（夜九一）

昔蒔《ま》く木の実大木《おおき》となりにけり　いま蒔く木の実　後の大木ぞ

魂は不変、この世は修業の場で輪廻転生をくり返すと説く宗教が多いのです。お釈迦様も転生をくり返したとも聞き、戦後の食糧難と七人の子に食べさせ教育する父母の苦労を見ていた私も、人生は修業と自覚したものです。

子供心にも決心すると苦労は苦労でなくなり、かえってそれを乗り越える力が湧き、日々それをくり返して成長したように思います。

不止不転、循環の理など、仏教、儒教、キリスト教のほかに日本の神道などが混然一体となり、和合しているのが日本精神といえましょう。

いずれにしても自然の草花、四季の循環から人の死生も自然のうちに感じとり、どんな人生も受け容れて努力しつつ生き続ける、それが人間のあるべき姿なのだと尊徳は教えています。

尊徳もまた、強力な因果論者といえましょう。

❽ 禍福《かふく》は紙一重、道にかなっていれば福に至る

禍福は一つである。それがあるいは福《さいわい》となり、あるいは禍《わざわい》となる。これを水田にたとえよう。あぜがあれば、土壌が肥《こ》えて苗がよく育ち、収穫が多い。これが福ではないか。あぜがなければ禍となる。報徳も同様で、分度《ぶんど》があぜなのだ。分度がたてば、恩沢《おんたく》が多くの人に及び、その福はきわまりない。分度がたたなければ、害が多くの人に及び、その禍はきわまりない。富は人のほしがるものだ。けれども人のために求めれば福を招き、己のために求めれば禍を招く。財貨も同じことで、人のために散ずれば福を招き、己のために集めれば禍を招く。理に従い、道を得る者は福を得るし、理に逆い、道を失う者は禍を得る。禍福は要するに、理に従うか逆らうか、道を得るか失うかにかかっているのであって、決して二つ別々のものではない。

（語三七一）

因果はめぐるといわれますが、禍福もまた表裏一体、紙一重です。尊徳は人の道にかなった行動や働き方をしていれば、必ず福を招くと信じていました。水田にあぜを立てなければ、水は流れ放題で、せっかくの水も肥料も流され、稲はみのりません。

「分度」という言葉は、尊徳の行動の基本となるもので、勤労・分度・推譲の三要素が、生活の貧富を分け、企業の成否を分ける重要な要素になります。

ここでは、分度の「仕切り」をあぜにたとえているのです。

事業が拡大され、利益が上がるようになると、人の心は慢心し遊惰《ゆうだ》に流れ、不徳と油断の結果、破綻を来すことが多い現実を知ることです。成功し、富が得られたときこそ、心を引き締め、人に尽くし、己を謙虚にして、報恩の心で利益の分配を考えることです。分度、推譲は、福を招く基本なのです。

「禍福は理に従うか、逆らうか、道を得るか失うかにかかっている」の言葉は成功の鉄則であるといってよいでしょう。

❾今日の幸せは昨日の苦労のたまものと知れ

父母の根元は天地の令命にあり
身体の根元は父母の生育にあり
子孫の相続は夫婦の丹精《たんせい》にあり

父母の富貴は祖先の勤功《きんこう》にあり
吾身《わがみ》の富貴は父母の積善にあり
子孫の富貴は自己の勤労にあり

身命《しんめい》の長養は衣食住の三つにあり
衣食住の三つは田畑山林にあり
田畑山林は人民の勤耕《きんこう》にあり

今年の衣食は昨年の産業にあり
来年の衣食は今年の艱難《かんなん》にあり
年々歳々報徳《ほうとく》を忘るべからず

（報徳訓）

因果輪廻、即ち結果には必ずそれに至る原因があると、尊徳は透徹した目で見ています。

自分に生命を与えてくれた父母は祖父母から、祖父母はまた曾祖父母からと、永々と切れることなく生命がつながっています。現在を生きている我が身は父母の生育のたまものです。夫婦となったら、今度は丹精《たんせい》して子孫を生育しなければなりません。

我が身の富貴は祖先の勤功と父母の積善の上にあり、それを受けて生育した自分は、子孫の富貴のためにまた誠意と実行を怠らずに勤労に励み、誠実な人生を歩むことが必要なのです。

健康な身体は健全な衣食住にあり、平穏と富貴に至る人生は代々続く勤労と発展にあり、それは人類の使命ともいえるのです。

病苦、貧困の苦しみがない満ち足りた今年の暮らしは、昨年の勤労努力の成果です。そして、来年の衣食を満たすために、今年の艱難辛苦《かんなんしんく》があるのです。

未来の幸福のために、今日努力をするのが人間の務めと知るべきでしょう。

働くことを厭《いと》わず、明日の喜びのために今日を生きる努力は、人間の基本的な生き方です。ところが、自分を信じ、父母に感謝し、子を愛し賢く育てる、この当たり前な生き方を現代人は忘れているのです。

いまを生きる人たちが未来を考えず、資源も富も使い放題にして人の道に外れ、国益を忘れたとき、我が子、我が孫はその貧困、窮乏のなかで苦しまなければなりません。

尊徳は、因果の法則を忘れずに人類発展の努力をすることを願って、すべての徳に報いる報徳の生き方を人々に明らかにしたのです。

尊徳は、「一家仁《じん》なれば一国仁に興《おこ》る」と言い、「一家譲《ゆず》れば一国譲り興る」という推《すい》譲《じょう》の真理を自ら実行したのです。

⑩因果輪廻《いんがりんね》の法則を知れば先を読みとることができる

仏説はおもしろい。たとえをとっていえば豆の前世《ぜんせ》は草であり、草の前世は豆であるというようなものだ。

だから豆粒に向かえば「そなたはもと草が変ったものであるぞ。疑わしく思うなら、そなたの過去を説いて聞かせよう。そなたの前世は草であって、どの国のどこそこの村、誰それの畑に生まれて風雨をしのぎ、炎暑《えんしょ》をいとい、雑草におおわれ、兄弟を間《ま》引《び》かれ、辛苦艱難《しんくかんなん》を経て豆粒となったのであるぞ。

この畑主の大恩を忘れず、またこの草の恩もよく思って、早くこの豆粒の世を捨ててもとの草となり、繁茂することを願え。この豆粒の世は仮の宿りである。未来の草の世こそ大事ではないか」というようなものだ。

また草に向かえば、「そなたの前世は種であるぞ。この種の大恩によって、いま草と生まれ、枝をひろげ葉を出《いだ》し、肥《こや》しを吸い露を受け、花を開くまでになったのである。

この恩を忘れず、早く未来の種を願え。

この世は苦しみの世界で、風雨寒暑《ふううかんしょ》の憂いがある。早く未来の種となって、風雨寒暑を知らず、水火の苦難もない土蔵の中に安住する身となれ」というようなものだ。

私は仏道は知らないが、大よそこのようなことだろう。

だから世界の百草は、種になれば生ずる兆しがあり、生ずれば育つきざしがあり、花が咲けば実を結ぶきざしがあり、実を結べば落ちるきざしがあり、落ちればまた生えるきざしがある。これを不止不転《ふしふてん》、循環の理というのだ。（夜八四）

人生にとって大事なのは先に進むための兆し、前兆を知ることでしょう。

自分で仏道を知らないという尊徳は、じつは仏道の真髄を知っていました。

種の中にはすでに芽が出て育つ兆しをもっていて、土に蒔《ま》き水をやり、雑草を取り、肥しをやってよく手入れをすれば、枝葉を伸ばして良い豆の木が育ち、やがて色つやも味も良い豆が育つのです。

それがめぐりめぐって、良い種を蒔けば良い実になる結果となり、その兆しをいち早く知って手を打つ人が、災害を最小限に止めることができる畑主、つまり賢い人間といえるでしょう。

この因果論をよく知って、善因善果のよい結果を生み出すために真剣に努力をしなければなりません。事故や災害を未然に防ぐために、兆しを察知することは、家庭や企業を守るうえで大事な務めです。

公私ともに指導者の資質は世の動きの先を読むこと、それは誰かが教えてくれるものではなく、周囲の人たちへの心遣いが、自然に自分の洞察力を高め、事業や組織の利害の兆しを察知することができるのです。

現代は目まぐるしく変化していますが、利益だけを求めても、それに伴う資金や目に見えない家族や部下の苦労や努力を忘れていると、思わぬ落し穴があるのです。

自分一人の失敗なら傷はさして深くはないでしょうが、責任ある立場で甘い判断は許されません。人徳が生きるのは、順調なときより失敗のときといえるでしょう。

尊徳が言い続けたことは「行動せよ」です。

自ら動き人の数倍の行動をすれば、災難の兆しは察知できるのです。

責任者は現われる結果の責任を、すべて受けねばなりません。さらに失敗にどう対処したかが、次の因果関係を生むのです。

⓫天地自然の経文《きょうもん》から学べ

およそ世の中に、道を説いた書物は数えきれないほどあるが、くせ、偏《かたよ》りのない、完全なものは一つもない。どうしてかといえば、釈迦も孔子もみんな人なのだし、経書《けいしょ》といい経文といっても、みんな人の書いたものだからだ。

それゆえ私は書物に書いてあることのうち、不書《ふしょ》の経《きょう》、すなわち「もの言わずして四時《しじ》めぐり、百物《ひゃくぶつ》なる」ところの天地の経文に引き当ててみて、まちがいないものを採り、まちがっているものは採らない。

だから私の説くことがらは、決してまちがいがないのだ。　（夜二）

「天地は不書の経を読む」と尊徳は言いました。多くの学者が人の道を教えているのに、なぜ人は怠けて働かず暮らしに困っているのか、尊徳は真剣に考え書物を調べました。

しかし、どこにも悪い言葉があるわけでなく、ただ儒学者や僧侶が言うだけで、行なって見せなかっただけでした。

現代も同様で、事故、災害、犯罪の多発の原因がリーダー不在にあると考える人は多いのです。つまり責任を取る人がいないのです。

反対に教師や警官、役人、学者や政治家など、人の範となるべき人たちの犯罪が多くなり、若者や子供たちがそれを見ならい悪事に走るのは、悪因悪果の言葉どおりといえましょう。

本来、〝人と鳥獣と草木と何の区別があろう、みんな天の分身なのだ〟という尊徳の智慧の言葉は、二百年の時を越えてようやく自然環境との共存の道を探り始めた現代に、もっとも必要な生き方を示しているといえるでしょう。

6章

成功への大道を知る

――「報徳《ほうとく》」こそ人生に必要な成功哲学

尊徳は争わずに貧困から脱出する法を、ひたすら考え、求め続けました。争い、奪えば怨みを残すことを知っていたのです。あるとき、露語辞典に「報徳教」という言葉が出ていると聞かされましたが、尊徳の報徳の教えは、まさに宗教にも通じる高度な哲学といえましょう。

「和をもって貴しとすべし」という聖徳太子の言葉と同じく、尊徳は、すべての物、すべての人に徳を見出し、その徳に報いる感謝の心をもつことを教えました。それこそが、自分を生かし、富と成功を得る人生の糧となるのだと教えたのです。不平不満を抱き、人のアラ探しをしても得るものはありません。

私は、尊徳が桜町仕法の苦悩のなかで悟った一円観と報徳思想は、日本ばかりでなく世界の貧困から人類を救うものと信じています。まさに哲人尊徳と呼ぶに相応しい世界的な思想家といえるでしょう。

幼い頃の不幸のなかで、家族が助け合う大切さを知り、独学によるすぐれた洞察力をもった尊徳の生き方は、その後の偉大な業績にも示され、後世への指針ともなったのです。

❶報徳《ほうとく》以外に成功の道はない

ある人が報徳を迂遠《うえん》だ、私のことを迂翁《うおう》だと言った。私は笑って答えた。わが国は万古《ばんこ》に存して、わが道は万世《ばんせい》変わらない。万古に存する国にあって、万世変わらぬ道を行なう以上、これを自己一代の短さに比べて迂遠《うえん》だなどと言えるだろうか。

今日、わが報徳が行なわれないからといって少しも気にすることはない。なぜならこれは、天照大神《あまてらすおおみかみ》以来行なわれて来た道であって、国を立派にし、住民が安心して生活するには、これ以外に方法がないからだ。

世間の人は人生六十などといって、もっぱら今日の暮らしに明け暮れ、自分一代のことは考えているが、後世のことを考慮するような者は少ない。

しかし今日はたちまち明日になり、今年はたちまち来年になり、父祖の代はたちまち子孫の代となり、百年もまた一瞬間にすぎない。

そこで自分の開墾の方法は、一両の金によって荒地《こうち》一反歩《いったんぶ》をひらき、その産米一石として、半ばを食って半ばを譲《ゆず》り、くり返し開発してやまなければ、六十年の総計は開田《かいでん》二十四億五千四十八万二千二百五十三町歩に及ぶ。

行なわれなければそれに止《とど》まる。行なえばわずかな一生に比べて、どうしてまわり遠いなどと言えようか。

（語二九）

人は往々にして、目の前の結果だけを求めがちです。ある人が尊徳のようなやり方ではすぐに結果が出ないと批判したのに対して、「万世変わらぬ道を行なう」のだから短い人生を基準に判断してはならないと教えています。

尊徳は、よりわかりやすく具体的な数値を示して人々を納得させました。誰でも六十年の生涯をうまずたゆまず努力をくり返せば、二十四億五千万町歩の開墾ができると、気の遠くなるような計算をして人々に教えました。

先人たちの成功は、みな未来に夢をえがき、使命感をもって自分の足で一歩一歩ひたすら歩み続けた結果なのです。他人の成功の結果だけ見て羨《うらや》み、心を迷わせていては、できるものもできません。

夢をもち、世のため人のために自分のもてる力を出し続ける信念が、情熱、勇気、決断力を生み、成功と富につながると尊徳は教えました。
まず、世のため人のため自分にも何かができる！　その信念をもつことです。

❷報徳こそ争わないで勝つ法

どこの国だろうと荒地《こうち》を耕し菜種《なたね》を蒔《ま》いて、そのみのりをとって油屋に送れば、種一斗（十八リットル）で油二升（一升は一・八リットル）はきっと出て、永代絶《た》えない。

これこそ日本の国が天照大神《あまてらすおおみかみ》以来続けてきた方法で、肉食妻帯《にくじきさいたい》、暖衣飽食《だんいほうしょく》しながら、知愚《ちぐ》、賢不肖《けんふしょう》の差別なく、天下のあらゆる人に行なわせることができる。

これこそ開闢《かいびゃく》以来相伝《そうでん》の道であって、日月の照明があるかぎり、この世界の続くかぎり、まちがいなく行なわれる方法なのだ。

その上、報徳には一大奇特《きとく》がある。

一円の金がなくても四海の困窮を救って、あまねく民に施して、なお余りあるがあるという方法だ。

それは、ただ分度《ぶんど》を定めるという一事にある。私はこれを相馬《そうま》、烏山《からすやま》、下館《しもだて》の諸藩に伝えた。原野を変じて田畑とし、貧村を変えて福村とする術だ。山の中にいて海の魚がつれる。浜べにいて山奥のたきぎがとれる。草原から米麦《べいばく》を作り出し、争わずに必ず勝つという術である。ただ一人がやれるというだけでなく、どんな人にもみんなやらせることができる。いかにも妙術ではないか。　（夜一五〇）

打つ心あれば打たるる世の中よ　打たぬ心に打たるるはなし

尊徳は当時の貧困を救うために農業が近道であることと、互いに協力し和合することの実益を説きました。原野を耕し農作業にはげむことで商業も盛んになり、山の上にも魚が上り、浜辺にもたきぎがとれるとたとえたのです。

怠惰《たいだ》から抜け出して誠意と実行による勤労と、分度《ぶんど》、推譲《すいじょう》による譲り合いで、みなが幸せになる、それが報徳の生き方なのです。

良い結果を生むための努力は欠かせません。良い原因が、必ず良い結果を生むのです。

争いと貧困をどこかで絶ち切るには、やはり人間への深い愛と、勇気ある決断、実行力が必要なのです。

❸ 衰退《すいたい》も栄光も人の行動の結果である

太平が久しく続けば、奢侈遊惰《しゃしゆうだ》に流れて国家が衰廃《すいはい》を免れないのは自然の成行《なりゆき》である。

力のある国、無い国があり、土地にも肥えた土地とやせた土地がある。力のある肥えた土地の住民は奢侈に流れて負債を生じ、地力を尽くすことができない。力のないやせた土地の住民は遊惰逃亡に甘んじて、その土地は荒れてしまう。

そこで税収は年々に減じ、国も住民も共に困窮して衰えていく。これは、政治刑罰では救うことはできない。神儒仏《しんじゅぶつ》の三教があっても、これを改め正すことができない。

自分はこれを憂慮すること多年であったが、遂に天照大神《あまてらすおおみかみ》の開国の法に法《のっと》り、興国安民の法を立てた。

およそ荒地《こうち》は十年も百年も変わりはない。故にこの国を開いた方法によるならば、此位の荒地を開くのに何の困難があろうか。住民を励まして遊惰から奮《ふる》い立たせ、自覚を高めて奢侈を禁ずれば、国を立派にし、住民の生活を安定させることは、そう困難ではない。

（語四七〇）

人の暮らしも成行きにまかせておけば、豊かな者は贅沢《ぜいたく》をして負債をつくり、その悪癖が暮らしをだめにする。貧しい者は税だけ取られて残るものもなく、やる気をなくしてますます貧困怠惰になってそこから逃げ出す。この悪習は救いがたいものがあったのでしょう。

尊徳はそれを憂いて、宗教でも、刑罰でも改められなかった農民の心の荒地を時間をかけて耕し、働く意欲をもたせ、貧困、怠惰から救ったのです。そうした方法で相馬、烏山、下館など諸藩の建て直しも成功させました。

天照大神の開国の法とは、人の心を励まし力づけて、荒地を耕し、種を蒔《ま》き収穫をして翌年に備える開拓の仕事だったのです。

❹垣根の中に閉じこもって議論しても無益

天地は一物であるから、日も月も一つである。だから道理は二つではなく、真理はどこの国でも同じはずである。只その理《ことわり》をきわめないことと、尽くさないからである。それを諸道それぞれ別の道だとして、お互いに争っているのは、丁度、互いに狭い区域に垣根をつくって隔て合っているからである。どれも三界城内《さんかいじょうない》（「迷うが故に三界は城、悟るが故に十方は空なり」という禅僧の言葉）に立籠《たてこも》っている迷者であるといえる。

この垣根を看破《かんぱ》して後に話合が行なわれるべきで、この垣根の中に閉じこもって議論をすることでは、聞いても話しても無益なことである。　（夜十九、語二七三）

宗教でも政治でも、派閥や宗派をつくって争っていては問題は解決しないというわけです。たとえ国家間の利害関係も、垣根を取り払って話し合えば紛争は避けられると思われます。

国の指導者が国民の幸福よりも我欲に迷うから、国がまとまらず外敵を招くのです。現代は情報時代です。民族や宗教、政治形態が違っても、人は幸せを求めて自由に活動し、暮らしの向上を図ろうとします。その自由の制限がどこまであるかで、国民の幸、不幸が決まり、人類の進歩発展が決まるのです。

独裁者が権力で軍隊と警察を使い、国民を犠牲にして自分の利益を守ろうとしても、もはや世界は黙っていません。

北朝鮮の拉致《らち》事件が暴露され、その暴力的な人権の侵害が国民の生命をも脅かしていることが明らかになってきましたが、同胞の苦しみを放置していたのは、わが国の政治家の最大の罪と知るべきでしょう。

世界の国々の違いはあっても、広い宇宙から見れば地球は一つの青く美しい星です。知恵を集めて、人類の富と幸福を計らねばなりません。武器商人を富ますのではなく、卓越した外交とコミュニケーションで世界平和と友情を守ることはできるのです。

❺真の豊かさは貧富が相和するところから

万物は地に生じ、人間は女から生まれ、財貨は貧者《ひんじゃ》の力で生ずる。けれども、地は天の恵みを受けなければ一物をも生ずることはできず、女は男にとつがなければ子供一人も産むことはできず、貧者は富者《ふしゃ》の力を借りなければ財貨を生ずることはできない。

天地は和を失わない。それゆえ万物は繁栄する。男女は和を失わない。それゆえ人間は繁栄する。ただ貧富だけが和合しない。だから国家が衰える。これが古今の通患《つうかん》である。

いま貧富を和合させる方法は、ただわが法にだけある。貧富が相和すれば、生産は日に豊かとなり、国家の繁栄、安泰《あんたい》は期して待つべきものがある。（語四三一）

人は一人では生きてゆけません。相互に扶《たす》け合ってこそ生きられるのです。夫婦も和合しなければ子もできず良い家庭はできません。良い家庭ができなければ良い子は育たないのです。両親がけんかばかりしていては、子供の心は安まらず、勉強どころではなくなります。

最近はわが国でも離婚が増えましたが、男女の協力と愛情が足りなければ、結果として子供にも悪影響を及ぼします。日本には「良妻賢母《りょうさいけんぼ》」の伝統があり、アメリカにもそれと同じ「スーパーマザー」の言葉があるのです。

夫婦の良識と愛情が良い家庭をつくり、勇気と愛情に富む、力強い子供を育てます。賢く魅力的な母親は家庭を安定させます。

富者が貧者に譲らず貧富の差が大きくなると、犯罪が多くなり、悪の因果論が成立します。富める者が社会に尽くし、貧者を救うのは人間の義務でもあるのです。人を助け、社会を良くするための行ないは、富者の務めです。

財貨を得た者が貧困者を救う行動を起こさなければ、経済は動かず貧富和合は難しいのです。社会不安をなくすのは、富める者の責任でもあるのです。

❻報徳《ほうとく》は誰でも行なうことができる人の道

釈迦《しゃか》が王子の位を去って衆生《しゅじょう》を済度《さいど》し、仏法を万世に残した。その功績は大きい。けれども、それは一人だけが行ない得ることで、みなが行なうことはなかなかできない。なぜかというと、一村の住民がみな家を出て農業につとめなくなったら、一日も生活を立てることができないからだ。

報徳はそうではない。おのおの自己の分《ぶん》を定めて分外《ぶんがい》を譲《ゆず》り、これを貧しい人たちに大いに推譲《すいじょう》することであって、一村なればその人々が飢えや寒さから免れて、一家一身を保持し、生活を楽しむことができる。

これは世の中で誰が行なっても行ないうる道である。まして一村などは、総《すべ》てが幸福に暮せる方法である。（語三七〇）

社会福祉の向上とは、尊徳が示すように、一人ひとりのまじめな勤労が余財を生み、弱い者、貧しい者に譲り助ける精神から出るもので、社会、国家が豊かに幸福になるための基本なのです。

近代国家が目指す「一家一身を保持し、生活を楽しむ」ことができる世の中は、尊徳が望む万民の幸福、真に人を不幸から救うことのできる福祉社会といえるでしょう。働ける喜び、与える喜び、幸せを分かち合う喜び、それこそがヒューマニズムであり、人間的な喜びであることを、尊徳は知っていたのです。

人は、欲により他から奪い取ることはできても、その相手を悲しませ、苦しませる結果になり、果ては恨みを買います。

欲深いことが原因になって、自らがまた不幸に陥るという結果を生むのです。

与え、譲ることで人が喜び、自分も楽しむ。そこに真の幸福があります。

人が生きるうえで必要なのは、衣食住の確保と生命の安全、それだけが基本です。

国や企業のリーダーは、国民や働く人たちの生活を守る責務があります。北朝鮮の拉《ら》致《ち》被害者の放置などは、政治家の怠慢《たいまん》以外の何ものでもありません。

国民もよくそのことを知って、政治家を厳しく監視することです。愚民《ぐみん》政治になってはいけないのです。

❼倹約は君子の公道《こうどう》、吝嗇《りんしょく》は小人《しょうにん》の私欲

世人は吝嗇（けち）な者を見て倹約家だといい、倹約な者を見て吝嗇家だという。これを論ずることがあっても吝嗇と倹約との境をはっきりさせたためしがない。倹約と吝嗇とは実に分《ぶん》において定まるのだ。

ここに農夫がいて、朝早く起きて稲を刈る。これは精業か私欲か、誰にも区別ができない。自分の田を刈れば精業で、他人の田を刈れば私欲なのだ。

ここに武士がいて、悪衣悪食《あくいあくしょく》で質素な家に住んでいる。これが倹約か吝嗇か、誰にも判断がつくまい。

もしその人が、自分の禄高《ろくだか》を考えてその職務のために用い、私生活の費用をはぶいて、人に推《お》し譲《ゆず》っているならば、それは君子の行ないであって、倹譲《けんじょう》の道である。反対にその禄を惜しんで使わず、米を虫食いにし、金を隠し、衣類を腐らせながらその職務に事欠くようなら、これは小人の欲で吝嗇のためなのだ。

勤業《きんぎょう》して分を譲り、人のためにするものは倹約である。私欲から財を惜しみ、己のためにするものは吝嗇である。

国君の身で悪衣悪食を用い、見苦しい住居に住んでも、誰がこれを吝嗇と言おう。支那の聖天子禹《う》が宮殿を質素にしたのは、力を治水工事に尽くすためであった。してみれば、倹約は君子の公道であって、吝嗇は小人の私欲である。決して外形によって、これを混同してはならない。

（語一七五）

裕福な者が、物心両面で他の者に譲らなければ貧しい者は救われません。

勤、倹、譲が尊徳の仕法《しほう》の基本ですが、倹約をして他に譲るなら、それはけちではなく、人道を行なうための目的になります。持てる者が多く譲ってこそ、人の道にかなうのです。そこに人は、高徳な人格者を見るのです。

学ぶ人に善の道は近く、成功の道もまた近いと信じます。戦後、多くの組合教師たちの反対で、校庭にあった金次郎像は消えました。それは、教育の場から、尊徳が教えようとした人間教育が失われていくことを意味していました。

たしかに戦後教育の荒廃により人心が荒廃し、急速に発展した経済からはモラルが失われてきたようです。

いま尊徳の生き方と彼自身の言葉が求められるのは、単なる懐古趣味ではなく、失われた「日本人の心」を取り戻すことが強く求められているからでしょう。

農耕の民、日本人のDNAが地球の砂漠化を救い、世界に森や林を蘇えらせ、米麦野菜やくだものの栽培を盛んにして貧困と飢餓の子供たちを救うことができたら、日本の若者たちは二十一世紀の救世主となるでしょう。

あなたもその一人となることを心から願っています。

❽聖人は正大《せいだい》な大欲をもって人を動かす

世の中の人はみんな、聖人は無欲だと思っているが、そうではない。その実は大欲であって、正大なのだ。賢人がこれに次ぐもので、君子はそのまた次だ。凡夫《ぼんぷ》のごときは、小欲のもっとも小なるものだ。

しかるに学問というものは、この小欲を正大な欲に導く術《すべ》のことをいう。では大欲とは何かといえば、万民の衣食住を充足させ、人々の身に大きな幸福を集めようと欲することだ。

その方法といえば、国をひらき、物を開発し、国家を経綸《けいりん》し、住民を立派に生活せしめることである。だから聖人の道をきわめてみれば、国家を治め、社会の幸福を増進することに帰着する。大学、中庸《ちゅうよう》などにその事が明らかにされている。故に聖人の意欲するところは、実に正大ではないか。（夜二七）

一家を廃して万家を興《おこ》した尊徳は、後に「野州聖人《やしゅうせいじん》」と称えられるのですが、三十五歳で仕法《しほう》に着手した桜町の廃村建て直しは、彼を妬《ねた》む役人たちの妨害に遭い、十年に及ぶ歳月をかけて、ようやく完成したのです。

その妨害は尊徳を苦しめましたが、しかし彼らを責めることをせず、黙って陣屋を出た尊徳は、成田不動尊の新勝寺にこもって昭胤和尚のもとで反省の思索を続けました。

尊徳の成田不動尊に立てた誓願は

禍《わざわい》を転じて福《ふく》となし
凶《きょう》を転じて吉《きち》となし
借財《しゃくざい》を変じて無借《むしゃく》となし
荒地《こうち》を変じて開田《かいでん》となし
衰貧《すいひん》を変じて富栄《ふえい》となし
瘦地《やせち》を変じて沃土《よくど》となし
困窮《こんきゅう》を変じて安楽《あんらく》となし

すなわち、一切人民の悪《にく》むところを除いて、好むところを与え、人を怨《うら》まず、他を咎《とが》めず、私念を去って自己を反省し、至誠透徹《しせいとうてつ》して大悟の境地を得たい――という公正な願いでした。

成田山にいる間に尊徳は、半円観から一円観へ、一切万象徳性ありと悟り、報徳の思想を生み出したのです。数十日間の思索の後、桜町へ帰り仕法を続けた結果、激しく妨害した人たちも進んで協力して尊徳を支え、仕法を達成することができたのです。

使命感・責任感だけでは人はついてきません。そこに人の心の機微があり、至誠だけが人を動かすことを尊徳は改めて悟ったのです。

「至誠は神」と言いきった尊徳は、苦悩の体験を通じて、争うことなく神の如き誠《まこと》の心で反抗する者たちを改心させ、事業の完成に協力させせました。

そこに流れている精神は、まさに己を捨てて人の救済と幸福を希《ねが》う神の仁愛に通じるものでした。

尊徳に学び、その生き方と思いに共鳴するなら、必ず真の人徳をもつ良き指導者となるでしょう。

家庭であっても、企業経営者や組織、団体であっても、求められるリーダーシップは同じです。

7章

自立への道は知識より行ないにある

——至誠《しせい》と実行だけが人を動かす

尊徳が生まれたのは天明七年、一七八七年ですが、この年に英国では蒸気機関車が発明され、その二年後にはフランス革命が、十一年前にはアメリカで独立宣言がなされています。まさにこの時期は、世界が近代化に向けて変革動乱に向かっていたといえましょう。三百年近く鎖国を続けていた幕末の日本も世界の潮流のなかにあり、維新前夜の混迷と変革の兆に、人々は不安、動揺をかくせない時代にあったのです。

世相が騒然となると、新興宗教や迷信が不安をかき立て、人の心をさらに迷わせ悪用されるものです。

それを戒めた尊徳は、当時の儒学者や仏法を伝える僧侶、神道のみこや神官に対しても厳しく人格を見分ける心をもっていました。

口で説くことがどれほど立派でも、行動が伴わなければ尊徳は認めません。

現代の政治家や教育者たちも、つねにそのことに対する自制と反省が必要でありましょう。

後に「野州聖人《やしゅうせいじん》」と呼ばれた尊徳もつねにそのことを心していました。

❶道は書物にあるのではなく、行ないにある

下男が芋種《いもだね》を埋めて、その上に芋種と書いた札を立てた。翁は言われた。そなたたち、大道は文字の上にあるものと思ったり、文字だけ研究して学問だと思ったらまちがいだ。文字は道を教える機械であって、道そのものではない。道は書物にあるのではなくて、行ないにあるのだ。

いま、あそこに立てた木札を見なさい。あの札の文字によって芋種を掘り出して、畑に植えて作ればこそ食物になる。道も同じく目印の書物によって道を求め、身に行なってはじめて道を得たことになるのだ。そうしなければ学問とはいえない。ただの本読みにすぎない。

（夜一一三）

芋種を埋めた場所を示す木札を見て、その文字を読むだけでは芋を手にすることはできません。書かれた文字を道しるべに芋を掘り出し、それを植えて収穫しなくては食べ

ることはできないと尊徳は教えました。掘り出して植えつけ、収穫して食物にするのです。札に芋種と書いて読むだけでは、人の役に立たぬことを説明しています。

労を惜しまず行動すること。成功への道は行動を続けることで到達するのです。夢に近づくためには、歩みを止めないことです。

目指す目的を示すために木札を立てるだけでなく、必要ならば芋を掘り出す行動も起こさなければなりません。人は、その言葉と行動を見て信頼し、協力を惜しまず目的達成まで共に努力してくれるのです。

成功の喜びは、努力、忍耐、行動力のある人に与えられます。

❷ 嘘は事実によって必ずあばかれる

近ごろの世の中は、嘘でもさしつかえなく渡れるようだが、それは相手もやはりそうだからだ。ちょうど雲助仲間《くもすけなかま》のつきあいのように、嘘と嘘なので隙《すき》もなく、滞りなくうまくいく。それが嘘と事実では、すぐにさしつかえてしまう。

たとえば百枚の紙の中から一枚だけ抜き取っても一寸《ちょっと》見たところわからないが、九十九枚目で一枚無いことがわかる。百間のなわを五寸《すん》切っても同じことで、九十九間目で定まらないことがわかる。

人の生活も同じで、一日百円取って百十円使い、二百円取って二百五十円使っていれば、年の暮までは案外わからないですむが、大みそかになって、その不足がはっきりするではないか。このとおり、嘘と事実は明らかに違う。

(夜一二〇)

元旦や今年もあるぞ大晦日《おおみそか》　山雪（尊徳の雅号）

小さな嘘を重ねるうちに取り返しのつかない被害が起こり、必死に辻褄合わせの記者会見をするが、事実関係に矛盾のあることが暴露され、さらに信用を損なう。こんな企業の失態がときどきマスコミを賑わします。

嘘と事実は明らかに違うと、尊徳が教えているように、事実を嘘でごまかすことはできないのです。小さくても誠実さの積み重ねが信用と成果をもたらすのです。

とくに政治家や企業の責任者の嘘は、国民の生命と健康、財産を危うくするものです。嘘は事実によって必ずあばかれるという尊徳の言葉を肝に銘じてほしいものです。

❸ 一人ひとりが道を尽くし行なえば結果が出ないことはない

道が天下に行なわれることは難しい。

天下に道が行なわれないこと久しいものがある。その才があっても、その力がなければ行なわれないし、その才、その力があっても、その徳がなければ行なわれない。その徳があっても、その位《くらい》がなければ、やはり行なわれないのだ。

けれども、これは大道《だいどう》を国家天下に行なう場合のことであって、難しいことはもちろんだし、その人が位がないからといって、何も嘆《なげ》いてばかりいることはない。道といっても、茄子《なす》をならせることは茄子作りがよくできる。馬を肥やすのは馬方《うまかた》がよくできる。

一家を整えるのは、亭主がよくできよう。あるいは兄弟、親族が結び合って行ない、あるいは朋友同志《ほうゆうどうし》が結び合って行なうがよい。人々がこうして道を尽くし、家々がこの道を行なってゆけば、国家が復興しない道理はない。

（夜二〇〇）

尊徳は、村の建て直しに村人を集めて〝いもこじ〟という、いまでいう常会《じょうかい》をよく行ない、無利息金《むりそくきん》の貸し付けや積立て金の仕組みなど、会議を開いて決めました。アメリカの指導者が尊徳を〝民主主義の元祖〟といったわけが、そこにあります。月一度か二度の常会が、村人たちの心を一つにまとめ、善種金《ぜんしゅきん》の積立てや、優良農家への表彰や貸し付けを決める投票などを、記名式で実際に行なっていたのです。

現代と同じく政治や世相が混沌としていた時代ですが、尊徳は、一家を治めるために親と子が、兄弟親族が協力すれば再建できる、国家といえども再建、復興ができるのだと力強く訴えているのです。

❹ 大道《だいどう》は水、学者の弁は氷で役に立たぬ

大道はたとえば水のようなもので、よく世の中を潤沢《じゅんたく》して滞《とどこお》らない。そのような尊い大道も書物にしてしまうと、世の中を潤沢しなくなり、世の中の用に立たなくなる。たとえば水が凍ったようなもので、もと水には違いないが、少しも潤《うるお》いにならず水の用をなさない。

この経書《けいしょ》を世の中に役立てるには、胸中の温気《うんき》をもってよく解かし、もとの水にして用いなければならない。氷を解かすべき温気が胸中になくて、氷のまま用いて水の用をなすものと思うのは、愚の骨頂だ。

世の中に神儒仏《しんじゅぶつ》の学者があっても世の中の役に立たぬのはこのためだ。よく考えねばならぬ。それゆえ、報徳《ほうとく》では実行を尊ぶ。

経文《きょうもん》といい経書といい、その「経《けい》」という文字は、もともと機《はた》の縦糸のことだ。だから縦糸ばかりでは用をなさず、横に日々実行を織りこんで、はじめて織物として役

に立つのだ。横に実行を織りこまず、ただの縦糸だけでは役に立たぬことは、いうまでもなく明らかだ。

（夜一二、語七四、七六）

時代を越えて、人も企業も成功する道は、誠意とそれを達成する行為、実行しかありません。

成功の道は流れる水のように停滞することなく、知識と実行を織りまぜながら、忍耐強く前進させることです。

知に偏《かたよ》って実行が足りないのは、水が凍って用をなさないとか、縦糸だけでは織物にならないようなものだと尊徳は教えています。

変化の激しい現代はとくに、口先だけで行動しない人は、自分の目で見ることができず、体で感じることができないため先を読むことは難しいでしょう。

教えを説くだけで自ら行動しない学者は、「氷」で役に立たぬと、尊徳は明言しています。

❺ 自分の衣食は自分で稼《かせ》ぐのが自立の第一歩

仏教では、この世は仮の宿で、来世こそ大切であるというけれども、いま現実に君主や親があり、妻子があるのをどうしたらよいのか。たとい、出家遁世《しゅっけとんせい》して君親を捨て、妻子を捨てたとしても、この体があるのをどうしたらよいのか。体がある以上は、衣と食との二つがなければしのがれず、舟賃《ふなちん》がなければ海も川も渡れぬ世の中なのだ。だから西行法師《さいぎょうほうし》の歌に、「捨て果てて身はなきものと思えども、雪の降る日は寒くこそあれ」といっている。これが実情なのだ。

（夜二二七）

手も足も衣につつむ祖師達の　坐禅《ざぜん》する間も老ゆる世の中

高説を説く高僧でも、生の体を飢えさせないためには衣食がいるのであって、すべてを捨て去ることはできません。自分の衣食は自分で稼ぐことが、自立《じりつ》の第一歩です。

いまは物余りの少子化で、親は子を甘やかし、子は親の資産《しさん》や金を当てにして、働こうとしません。家庭や学校の教育が不正常だったため、健全な人間が育っていないのです。

こんな世の中が、いつまでも続くとは思われません。教育も子育ても、第一は子供の自立です。不平だけをつのらせる現代の教育は、大きな問題をかかえています。教育界が、まず大きな改革を行なう必要があります。

日本人が、もっと大人になることです。個人も国家も自立の意味を知るべきでしょう。近代化が進んだはずのわが国に、殺人、強盗が毎日のように起きています。道徳教育を軽んじてきた戦後の教育では人間の基本的な人格が育っていないため、性欲、金欲、わがままがむき出しになり、自分を抑えられずに犯罪を犯すのです。人間社会にモラルと秩序は必要です。

世の中を地獄にするか天国にするかは、教育による人間の思考そのものがつくり出すのです。

❻富と幸福は善行と勤労で積み上げよ

人は人生において、あるいは取り立てられ、あるいは退けられ、あるいは賞《しょう》せられ、あるいは罰《ばっ》せられる。

これは一朝一夕の原因によるものではないが、その因《よ》って来るところを知る者はごく少ない。

身を修めて勤めはげむ者は取り立てられ、道を失って、なまけ怠《おこた》る者は退けられる。手柄があれば賞せられるし、過ちがあれば罰せられる。

善行が積もれば幸福を得、悪事が積もれば禍を得る。これはちょうど、米を蒔《ま》けば米が生《は》え、ひえを蒔けばひえが生えるのと同じことだ。米を蒔いて米の札を立て、ひえを蒔いてひえの札を立て、そのはえ方を調べれば、米とひえは決してまちがっていないことがわかる。

同じように善行をして札をつけ、悪事をして札をつけて、その経過を調べてみれば、禍福《かふく》が決してまちがって来ないことがわかる。

（語四一）

物が溢《あふ》れ、金さえあれば贅沢《ぜいたく》ができ、働かずに遊んで暮せるという、まことに誘惑の多い現代です。働かずに物やお金を手に入れるには、悪事を働き、騙《だま》したり、殺したり盗んだりする以外にないのです。

富と幸福を得るためには、善行と勤労で積み上げなければなりません。まじめに学び、働いた結果が富と幸福に結びつく世の中こそ理にかなっていると尊徳は教えています。

❼成功の人間学に東西の差はない

私は年少のときから四書（大学、中庸《ちゅうよう》、論語、孟子）を読み、これを儒者《じゅしゃ》（儒学者）の行なうところに照らし合せて、その食い違いの甚だしきものがあるので、本のどこかにきっと道にそむいた言葉があるに違いないと疑っていた。

もし仮に一字一句でも道にそむくような言葉があれば、天下の書籍をあげて、その不純な箇所を削り、純粋な部分だけ残してやろうと考えた。

そこで小刀を手にしてこれを読んだ。ところがどこを読んでも立派で、ついに一箇所も小刀を下すことができなかった。それからは、これを実行して証拠立てること多年であった。

ただ一つ「言忠信《げんちゅうしん》、行ない篤敬《とくけい》ならば、蛮貊《ばんぱく》(野蛮)の国といえども行なわれん」という言葉にいたっては、蛮貊の国に行かなければ実行できない。実行できなければ、それがまちがっているかどうかがわからない。そればかりが残念に思っていた。

ところがその後、野州桜町《やしゅうさくらまち》の廃村を治めるようになったが、その住民のありさまは、いわゆる常産《じょうさん》なくして常心《じょうしん》を失い、風俗は頽廃《たいはい》し田畑は荒れ果てて、まったく貧困の極に達していた。

私は朝早くから夜遅くまで苦心し、努力を重ねてこれを治めようとした。しかるに東を治めれば西が敗れ、左を治めたと思えば右が敗れるというふうで、どうにも方法がつかなくなった。

そこでひそかに、これこそ蛮貊であるわいと思った。しかし、ひたすら「言忠信、行《ぎょう》篤敬《とくけい》」だけをつとめて、ついにこれを治めることができた。それでますます、聖人の言葉にまちがいないことを知ったわけだ。

（語二一四）

幼少のときから貧困の苦悩のなかで育った尊徳は、人の不幸が貧困からくることを知っていました。それを克服するためには、ものごとの道理を知る学問と、実行する忍耐、努力が必要だったのです。成功の人間学に、東西の差はないのです。

三十五歳から十年をかけて苦難の末に桜町の廃村を治めたとき、人々は尊徳を讃えて、「野州聖人《やしゅうせいじん》」と呼びました。「蛮狛の地」は治《おさ》まり、聖人の言葉にまちがいないことを尊徳は確認したのです。

忍耐の末に成功を得た喜びは、苦難が大きかっただけに、満足の度合《どあい》も大きかったのでしょう。十年がかりの桜町廃村の建て直しは世間の評判を一段と高め「野州聖人」の評価となったのです。

真理に基づく努力こそ真の生き方であり、富と幸福の条件といえましょう。

❽知識や学があっても行動しなければ事は成らぬ

報徳は至誠と実行である。だから鳥獣、虫魚《ちゅうぎょ》、草木にもすべて及ぼすことができる。ましてや人間はいうまでもない。

それでわが道では才知《さいち》、弁舌《べんぜつ》を尊ばない。才知、弁舌では人に説くことはできるが、鳥獣、草木を説くことはできない。それでも鳥獣には心があるから欺けるかもしれないが、草木を欺くことはできない。

わが道は至誠と実行だから米麦野菜《べいばくやさい》、瓜《うり》でも茄子《なす》でも、蘭《らん》でも菊《きく》でも、みんな繁栄させるのだ。たとえ孔明《こうめい》(諸葛亮)を欺く知謀《ちぼう》があっても、弁舌をふるって草木を茂らせることはできない。だから才知、弁舌を尊ばずに至誠と実行を尊ぶのだ。

古語に「至誠は神の如し」というが、「至誠はすなわち神」といっても悪くはないだろう。

およそ世の中は、知恵があっても学があっても、至誠と実行がなければ、事は成ら

ぬものと知るべきだ。　　　　　　　　（夜二五、語三六〇）

真理に偽りはありません。東西を問わず、心ある人は必ず行動しています。真心の人は不言実行が多く、必ず成功するのです。

自分が動かずに人だけ動かそうとしても、専制政治を行なう独裁者《どくさいしゃ》なら命令だけで動くでしょうが、民主政治、自由主義経済では人は納得《なっとく》しなければ動かないのです。

当時の儒教、仏教の学者や僧侶が高説《こうせつ》を説いても、人を救えなかったのは、口で言うだけで仁愛《じんあい》を現わす行動がなかったからです。

「至誠は神」と言いきる尊徳は、まさに実行の人でした。

人を幸せにすることが自分の喜びとなる、これこそ神の心です。

神に近い心になるとき、人は事業の成功を知るでしょう。

8

章

人の道を行なうのが人生の原則

――「天道《てんどう》は自然」「人道《じんどう》は作為《さくい》」

小田原市にある報徳博物館には、等身大の尊徳像が参観者を出迎えてくれますが、身の丈一八〇余の偉丈夫な姿には圧倒されます。

時折、館長の佐々井氏を訪ねては、尊徳母子の物語りなど聞かせていただいたものですが、尊徳の日常の暮らしを知るにつけ、彼の思考、洞察力、決断と実行力は並外れて大きいことがわかります。

しかし、それは本来誰にでもあるもので、自分がそれに気付き、鍛《きた》え磨くことによって存分に発揮できるものなのです。

強い精神力と信念のあるところに、人はよく集まります。そこには誠意と情熱があり、優れた指導力による信頼感と人の絆《きずな》ができるからです。

労を惜しまず自ら率先して行動し働くこと。人の心を読み取り、仲間や部下を助ける誠実さを失わないこと――。

現代のリーダーには不可欠な要素です。

しかし、それは一朝一夕にでき上がるものではなく、尊徳の生涯にみるように、絶えまない努力と、利害を抜きにした献身、奉仕の姿勢のなかで身に付くものです。

戦後教育の荒廃の最大原因は人間教育が欠如したことにあります。教育なき人間は鬼畜《きちく》のようになるのが自然で、教育によってはじめて人間らしい善悪をわきまえた人間になるのです。

❶人道《じんどう》は一日怠ればたちまちすたれる

天理と人道の区別を、よく理解できる人は少ない。およそ人身であれば欲があるのは自然であって、田畑に草が生ずるのと同じことだ。堤は崩れ、堀は埋《うず》まり、橋は朽《く》ちる。これがすなわち天理なのだ。

そこで人道は私欲を制するのを道とし、田畑の草をとるのを道とし、堤は築き、堀はさらえ、橋は掛け替えるのを道とする。

このように、天理と人道とは別々のものだから、天理は万古変わらないが、人道は一日怠ればたちまちすたれる。だから人道はつとめることを尊び、自然にまかせるのを尊ばない。

人道でつとめるべきことは「己《おのれ》に克《か》つ」という教えだ。「己」とは私欲のことだ。私欲は畑にたとえれば草だ。「克つ」とは田畑に生ずる草を取り捨てることだ。「己に克つ」というのは、わが心の田畑に生ずる草をけずり捨て取り捨てて、わが心の米麦《べいばく》を繁茂させるつとめのことだ。これを人道というのであって、論語に「己に克って礼に復《かえ》る」とあるのは、このつとめなのだ。（夜五二）

「天理は万古変わらないが、人道は一日怠ればたちまちすたれる」と尊徳は強調し、教育は人道を教えるためにあると説いています。

私利私欲を雑草にたとえ、「心の中の雑草をけずり捨てよ」と強調します。

尊徳の孫の尊親は北海道十勝の豊頃《とよころ》村を中心に興復社を興し二宮農場を完成させるなど北海道の開拓にも尽力しましたが、人道を尊ぶ心意気は子孫にも伝わったのでしょう。

札幌の創成川を掘り治水工事を行なった大友亀太郎も尊徳の弟子として活躍、記念碑が北海道報徳社の手で建てられました。灌漑《かんがい》、排水の治水工事は政治の重点的な要素です。「水を治める者は国を治める」の古語《こご》は真実なのです。

尊徳の教えが北海道開拓にも生きていたことは、尊親や大友亀太郎の事跡にも現われていますが、道庁近くのビルの前に一つの石碑を見つけました。それは北海道報徳社によって建てられたもので、

「昔まく木の実　大木となりにけり　今まく木の実　後の大木ぞ」

という尊徳の道歌が記されていました。

❷善心が起こったら、すぐに行動せよ

朝夕に善を思っていても、その善事《ぜんじ》を実行しなければ善人とはいえない。それは昼となく夜となく悪を思っていても悪事をしなければ悪人といえないのと同じことだ。だから人は悟道治心《ごどうちしん》の修行などに時間を費やすよりは、小さい善事でも行なうのが尊いのだ。

善心が起こったならば、すぐ実行するがよい。親のある者は親に孝養をするがよい。子弟のある者は子弟を教育する。飢えた人を見て哀れと思えばすぐ食物を与えるがよ

い。哀れと思っても食物を与えなければ、かいがない。わが道は実地実行を尊ぶ。およそ、世は実行によらなければ事は成就しないからだ。

小さな菜虫《なむし》など探しても見つからないが、菜をつくれば自然に生ずる。小さなぼうふらも、おけに水を溜《た》めれば自然と生ずる。いまここにはえを集めようとしても決して集まらない。つかまえてきて放しても飛び去ってしまう。

ところが飯粒を置いておけば、集めなくても集まるのだ。よくこの道理をわきまえて実地実行を励むがよい。（夜一四〇）

尊徳は、くり返して実践、実行をすすめます。どれほど口で立派なことを言い、人に説教しても、自分で行なわなければ人の役には立たないことを、くどいほど言い続けます。

野州聖人《やしゅうせいじん》と呼ばれた由縁はそこにあります。

心で思っても行なわなければ親孝行にはならず、飢えた人に施さなければ善事を行なったことにはならないのです。慈悲、仁愛の心を実践し、実行することは、幸福に至る人間学の基本なのです。

この人間学を忘れると、政治家が狂い、教師が狂い、子供たちが狂い、父母が狂うのは当然の結果です。現在の青少年犯罪の凶悪化は、人間学を忘れた戦後教育の荒廃が原因なのは明らかです。

今もっとも必要なのは道徳教育の強化です。

❸清浄な米でも肥《こや》し桶《おけ》に入れたら誰も食わない

ある儒者《じゅしゃ》（儒学を教える教師）がいた。二宮翁の愛護を受けて儒学を子弟に教えていたが、ある日近所の村に行って大酒を飲み、酔って路端《ろばた》に寝ころんで醜態をきわめた。弟子の某氏の子がこれを見て、あくる日から教えを受けに来なくなった。

儒者は憤慨《ふんがい》し、翁にそのことを告げた。

私の行ないが悪かったのは事実ですが、私が教えているのは聖人の本です。私の行ないがまちがったからといって、聖人の道まで捨てる道理がありましょうか。あなたから再び学問に来るように説き聞かせてくださいと頼んだ。

翁は――お前さん、腹を立てるでない。私がたとえを引いて説明しよう。ここに米がある。これを飯にたいて、肥し桶に入れたら、お前さんは食うかね。もともと清浄な米の飯を、ただ肥し桶に入れただけだ。それでも誰も食う者はいない。それを食うのは犬だけだ。もとは立派な聖人の教えだが、お前さんのような肥し桶の口から講釈するから、弟子たちが聞かないのだ。それを不都合だといって咎《とが》められるか。

いまここに来て私の食客《しょっかく》になっているのは、どういうわけか。口腹《こうふく》を養うだけなら農業、商業をすれば十分のはずだ。お前さんは何のために学問をしたのか――。

儒者は、まちがっていました、私はただ人に勝ちたいだけの気持ちで読書をしたのです、まちがいでした、と陳謝して立ち去った。

（夜一一二）

思え只《ただ》　天竺学びする人とても　我身を恵むこの日の本を

たくさんの道歌《どうか》をつくった尊徳は、お抱えの儒学者が、口先だけで教えを説き、酒に酔って醜態をさらしたことで子供がついて来ないと嘆くのを聞いて追い出しました。この儒学者と同じような姿は現代でもたくさん見受けられます。

日の丸は日本の国旗で、君が代が国歌です。それを大切にしようとするのは子供の心に芽生える自然な気持ちです。もし、それを粗末にする教師がいれば、子供たちがその先生を批判し、反抗するのは当然です。

子供は善悪の敏感なセンサーをもっているのです。教師が詭弁《きべん》を使って「日の丸」や「君が代」に反対すれば、親は騙《だま》せても子供の心を騙すことはできません。

自分は正しいことを言っているのに子供たちが受けいれないと不満をもつ前に、自分の言動を問い直す謙虚さが必要だと尊徳は教えています。

教育の荒廃は教師自ら招いた我欲の結果と悟らなければなりません。

❹ 諦《あきら》めず人事を尽くすことがもっとも尊い

今日は冬至だ。夜の長いのがすなわち天命だ。夜の長いのを嫌って、短くしようと思ってもできない。これを天道《てんどう》というのだ。この行燈《あんどん》の皿に油が一杯ある。これもやはり天命だ。この一皿の油では長い夜を照らすには足らない。だが人事をもって灯心を細くしたなら、夜中に消える灯《あかり》も朝までもつ。だから人事は尽くさなければならないのだ。

およそこの世界は自転運動の世界だから、ものごとは決して一つところに止《とど》まらない。人事の勤惰《きんだ》によって天命も伸縮できるのだ。　（夜四九）

夜、弟子たちを集めて酒を振る舞いながら語り教えた尊徳は、諦めずに人事をつくすことがもっとも尊い人の道なのだと教えました。質素、倹約を美徳とし、贅沢《ぜいたく》を押さえて余財を生み、それを他へ譲る。倹約、節約はけちではなく、それが無駄を出さない知恵であり、賢い生き方なのだと教えたのです。

尊徳が人の心をよく知る絶妙な指導者と思えたのは、私の伯父戸原藤七が聞かせてくれたエピソードからでした。昼の作業を終えてくつろぐ夜の集まりで、弟子たちが飲む前に各自が飲む酒量を大小の器を取って決めさせたというのです。

尊徳は、楽しい酒も量をまちがえば人を狂わせることを教えていたのです。

❺実行だけが誠意の証し

人間世界におりながら、屋根の雨もれを見過して坐視《ざし》していたり、道路の破損を傍《ぼう》観《かん》するばかりでなく、橋が朽《く》ちて穴があいたり、また壊れかかっても平然として、手当てをしないようなものは、人道の罪人だ。（夜五六）

言行一致はもちろんですが、不言実行もまた人の道の大事な要素です。危険を知っても行動しない無責任な傍観者を尊徳は厳しく批判しています。

このことを、「不作為の罪」と言ったのです。

実行だけが誠意の証しであることをくり返し説きました。

❻理想や夢想だけでは現実は変えられない

人道は、たとえば水車のようなものだ。半分は水の流れに従い、半分は水の流れに逆らってぐるぐる回っている。丸ごと水の中に入れば回らないで流れるだろうし、すっかり水を離れれば回ることはありえない。

仏教の高僧のように、世を離れ欲を捨てたのでは、水車が水を離れたも同然である。また俗人で、人の話も聞かず、世間の義理も知らないで、私利私欲一方に執着するのは、水車をすっかり水中に沈めたようなもので、どちらも社会の用をなさない。

故に人道は中庸を尊ぶ。水車の中庸は、ほどよく水中に入って、半分は水に従い、半分は逆に回って、運転滞らないところにある。

人の道もそのように、自然に従って種《たね》を蒔《ま》き、自然に逆らって草をとり、欲に従っ

て家業に励み、欲を制して義務を思うべきだ。（夜四七、語一三四）

哲学者であり実践家であった尊徳は、口だけの僧や儒学者にはあまり敬意をもたず、人々には実行を尊ぶよう教えたのです。

無学な人たちにも理解できるように、日々の暮らしのなかから教える糸口を見つけて、人道を説きました。

理想や夢想だけでは現実を変えることはできません。自分から一歩を踏み出す勇気ある行動が結果を生み、人はそれを見て、ついてくるのです。半分は水中に沈み、半分は流れの上に出る水車の姿にたとえて、中庸を尊ぶ人道を教えたのです。

❼「衣食足りて礼節を知る」の道理

「腹くちく喰《く》うてつきひく女《おみな》らは、仏にまさる悟《さとり》なりけり」。おのれの腹がいっぱいになれば寝ころがっているのは、犬ねこなど心ない者の常情だ。ところが食事をすますと、すぐに明日食うべきものを拵《こしら》えるのは、未来の大切なことをよく悟っているからだ。

この悟りこそ人道に必要な悟りであって、この道理をよく悟れば、人間はそれだけで事足りる。これがわが教え、わが悟道《ごどう》の極意なのだ。「我というその大元《おおもと》を尋ぬれば、食うと着るとの二つなりけり」。人間世界のことは政治も教法も、みなこの二つの安全をはかるためのものであって、その他は枝葉であり潤色《じゅんしょく》にすぎない。（夜二一六）

尊徳は「腹くちく喰うてつきひく女らは、仏にまさる悟《さとり》なりけり」と、「我というその大元《おおもと》を尋ぬれば、食うと着るとの二つなりけり」という二つの道歌を並べて人道の根本を食と衣であると言い、生きるための日常的な努力を尊いものとして人に教えています。

食べたすぐ後から次の食事の仕度をする女性たちを「仏にまさる悟りなり」と称える尊徳は、女性を尊重する封建社会としては異色の指導者といえましょう。

政治も経済も衣食の二つを国民に安全に与えるのが目的で、その他は枝葉で潤色《じゅんしょく》であり、「衣食足りて礼節を知る」の道理を明らかにしているのです。

❽「天道《てんどう》は自然」「人道《じんどう》は作為《さくい》」の理《ことわり》を知れ

人道は人造《じんぞう》である。自然に行なわれる天理《てんり》とは別である。天理とは春は生じ、秋は枯れ、火はかわいた方に燃え、水は低い方に流れる。昼も夜もめぐり動いて万古《ばんこ》変わらない。

人道は日々夜々に尽力を尽くし、力を加えて成り立つものだ。故に天道の自然にまかせれば、たちまちすたれて行なわれない。人間の世の中で思うままにすれば成り立っていかない。

漫々《まんまん》たる海上に道はないように見えるが、航路を定めてこれによらなければ暗礁《あんしょう》にふれることになる。

道路も同じで、自分の思うままにいけば突き当るし、言語も同じで思うままに言葉を出せば、たちまち争いが生じる。

人道は欲を押え、情を制して、努めて成り立つのだ。身の安逸《あんいつ》や贅沢《ぜいたく》を願うのも同様だ。好む酒を控え、安逸を戒め、美食美服を抑制して、分限《ぶんげん》の内を省いて有余《ゆうよ》を生じ、他人にも譲り、将来にも譲らなければならない。これを人道というのだ。

（夜四八）

現代の日本は、安逸や贅沢が氾濫《はんらん》しています。それが豊かさの証しであると言い放ち、欲を抑え情を制して地道に努力することを忘れているとすれば、尊徳が言うように人の道から外れることになるのです。

人道を失ったこの日本に果たして良き未来はあるのでしょうか。いまこそ猛省のときと思われます。

金だけ追い求める現代人の気質は、道徳教育を軽んじてきた戦後教育の反映ともいえるでしょう。モラルなき教育は犯罪国家を生むのです。

❾躾《しつけ》と教育でようやく人道は立つ

天理自然から見るときは善悪はない。その証拠には、自然にまかせておけば田畑もみな荒地《こうち》になって、開闢《かいびゃく》の昔に帰ってしまう。なぜなら、それがすなわち天理自然であるからだ。

自然には善悪がない。ゆえに稲も草も差別せずに、種のあるものはみな生育させ、生気のあるものはみんな発生させる。人間の生活はその自然にしたがいながらも、そのなかでそれぞれ区別して、ひえや草を悪とし、米や麦を善とするように、すべての人に便利なものを善とし、不便なものを悪とする。人道はたとえば料理のようなものだ。三杯酢のように塩梅《あんばい》してこしらえたものなのだ。

教《おしえ》を立てたり、刑罰法制を定めたり、礼法を設けたり、やかましくうるさく世話をやいて、ようやく人道は立つのだ。

（夜四六）

「やかましくうるさく世話をやいて、ようやく人道は立つ」という教育の本質を尊徳は知っていました。幼児期の家庭の躾と、読み書き計算という知識の基本はもちろんのこと、礼節、秩序を教えなければならない学校教育は、放置すれば鬼畜になる人間を、人間らしく育てる根本として、なくてはならぬものなのです。

教育荒廃は、人間荒廃を意味することを教師は知らねばなりません。悪の種は必ず悪の実をみのらせるのです。

⑩相手が従わないと怒り、見捨ててはならない

天道《てんどう》は自然で、人道《じんどう》は作為《さくい》である。枯葉が庭に落ちるのにたとえると、毎日落ちるのは天道で、これを掃《は》くのは人道だ。掃くそばから落ちる。これが自然というものではないか。落ちるからまた掃く、これが作為というものではないか。

だから毎朝一度は、これを掃くがよい。されども一葉落ちるごとに庭に立ってほうきをとるのは、落葉のために使われるものであって、愚かな話だ。ただ天道にまかせ

きりで、人道をゆるがせにするようなことがなければよいのだ。

人を教えるにも同じことがいえる。愚かな者でも、必ず教えるべきだ。従わなくても怒《いか》ってはならない。また捨ててはならない。人を教えても従わないとき、それを怒るのは不智というものだ。それを捨てるのは不仁《ふじん》というものだ。不仁と不智とは君子のとらぬところである。


（語四一〇）


天道を落葉に、人道を庭を掃く作業にたとえる話は、ときに人のやりすぎを戒めるのに最適と思われ、若い頃これを読んで感心したものです。幼い子供を教えるときに腹を立ててはいけない、また、覚えが悪い子供を見捨てることは、教える親や教師に愛情がないからだと指摘する尊徳は、人の心をよく知る偉大な教育者です。

親や教師も含めて教育不在といわれる現代は、まさに不智、不仁の時代といえるでしょう。人の心は、愛情と理解ある心で動くのです。

父母、教師など幼い者を教える立場にある者は、自分もまた学ぶ途上であるという謙虚さと、調査し研究する心がけをもつことが必要です。

⓫ひとつことに一喜一憂せず人の務めを果たす

およそ世界は旋転《せんてん》してやまない。寒さがゆけば暑さがくるし、暑さがゆけば寒さがくる。夜が明ければ昼になり、昼になったかと思えば夜になる。また万物《ばんぶつ》も生ずれば滅《めっ》し、滅すれば生ずる。ちょうど銭をやれば品がくるし、品をやれば銭がくるようなものだ。ねてもさめても、昨日は今日になり、今日は明日になる。

田畑も海山もみなそのとおり、野菜でも魚類でも、世の中で減るほどは田畑や川や海、山林で生育する。

生まれた子供は時々刻々に年をとる。築いた堤は時々刻々に崩れる。掘った堀は日々夜々に埋まり、ふいた屋根は日々夜々にいたむ。これがすなわち天理自然である。

（夜四六）

ねてもさめても、昨日は今日になり、今日は明日になる、と尊徳が言うように、全ては変遷しています。今日は不幸の夜であっても、明日はまた日が昇り、生きる力が甦ります。目の前の変化に一喜一憂せず、人としての務めを果たすことを教えているのです。

人が迷わずに日々の務めを果たせば、田畑は恵みをもたらしますが、一時の不作に落胆して務めを投げ出せば荒野、砂漠に変わってしまいます。

現代でも同じことで、日々の務めを絶えることなく果たせば、子供や家族は豊かに楽しく過ごすことができます。ところが、怠惰は人道に反していて、不幸をつくることは明らかなことです。

⑫人は放っておくと鬼畜《きちく》のようになる

往《ゆ》くものは来たり、来るものは往く、之則《すなわ》ち天の道である。故に、つとめないでも止《や》まない。

登るものは下り、下るものは登る。之則ち天の道である。勤めなくても止まない。有るものは無くなり、無いものは有るようになる。之則ち天の道である。之を以って為《な》すことはなくても止まない。

荒野《こうや》を田畑に作るのは人のできることで、自然のすることではない。田畑を荒野に一変するのは天道自然《てんどうしぜん》であって、人間の行なうべき道ではない。

田畑を耕作して米穀を作り出すのは人の努力であって、自然の道ではない。故に草木を田畑に生《は》やすのは天道自然であって、人道作為《じんどうさくい》ではない。

勤めることなくして自然に成るのは天の道である。故に為さなくても遂に成る。

勤労を加えて出来上がるものは人の作為によってである。故に為すなきときは、遂に亡《ほろ》びる。

（真筆選集）

宇宙の惑星の一つである地球は自転を続け、太陽に近づいたところが朝になり、太陽から遠ざかっていくと夜になります。その循環は、人の手では止めることができません。これが天道です。

そうした自然とどうつき合い、人の暮らしを良くするかが人の道であり、人類の何万年という歴史もその積み重ねでした。

洋の東西にモーゼや孔子、釈迦、キリストなどの聖人が現われ、人々を救済《きゅうさい》し、人が生きる正しい道《みち》を教えてきました。人が助け合い、幸せに生きるのが人の道であり、人類の目的であることを教えたのです。

ところが、人の道を見失うとき、この世は我欲と争奪、殺戮《さつりく》に占領されました。世界の戦争の歴史を見ればわかります。

教育なき人間は、雑草のように周囲の人を傷つけ、殺し、強奪《ごうだつ》します。人もまた荒野と同じく、放っておけば鬼畜《きちく》のようになることを、尊徳は知っていたのです。

9章

教育は人の道理を説くことから始まる

——心田開発《しんでんかいはつ》のすすめ

小田原の報徳博物館を創設した佐々井典比古氏が、著書『尊徳の森』で、タイのサクーン村の村長が、尊徳流村づくりで成功した話を紹介しています。

一九八七年に一八九戸であった村の世帯数が、養蚕、織物などの複合農業で二五〇世帯に増え、村民は希望をもって働いている。さらに養魚池もつくり、高収入を得ている。リーダーの村長バーイ氏は、国から「名誉開発修士号」などを受賞し、タイ国民から優れた評価を受けているといいます。

バーイ村長は実践農業のグループに「イートーノーイ（小さい山刀の意）」と命名し、小さなものでも数多く集まれば大きな仕事ができることを村人に教えて成功させたのです。

グループの入会資格は厳しく、「道徳律をもち、勤勉で、個人の利益だけでなく全体の利益を考える人物」が条件で、一年で五人しか入会できません。

「利益を求めるためにメンバーになりたい人は、すでに始めからまちがっている。本当の開発とは金持ちになる道を探すのでなく、体と心の両面をよりよく開発すること」――これがバーイ村長の村づくりの信念でした。

これはタイの小さな村の実践活動ですが、そこで尊徳の教える心田開発《しんでんかいはつ》が成功していたのです。村人の心の開発をしたからこそ、大きな成果をあげることができたのです。真理は世界に通用することの証しといえるでしょう。

❶小さい善事でも実行することが尊い

国の盛衰《せいすい》とか存亡《そんぼう》は、おのおの利を争うことが甚だしいからだ。富める者は足りることを知らないし、社会をよくするという心もない。あるが上に願い求めて、自分の勝手なことばかり工夫し、自然の恩恵にも気づかず、社会や国家の力も考えようとしない。

貧しい者は貧しい者で、何とかして自分の利益をはかろうとするが、なかなか思うようにいかず、工夫もできないから、納めるべき公費、負担も滞《とどこお》りがちで、借りたものでも返そうとしなかったり、返すことができないでいる。

こうして貧富ともども社会公共の義務を忘れて、願っても祈ってもできないような工夫ばかりして、むしょうに利益を争いながら一生を終わってしまう。哀れなことだ。報徳は、世間一般のこうした苦しみを除いて、安楽の境地を得させることが務めである。

（夜一〇四）

飢えた人を見て哀れに思い、少しでも食物を分け与える、どんな小さな善事でも実行できる人間として子供を育てること、それはまさに尊徳が教える心田開発ですが、これが現代の教育にもっとも必要なことと思われます。

学校では教師が、家庭では父母が子供に善悪の判断を示し、善を行なう勇気と決断力を身に付けさせることが大事です。それが人間教育の基本なのです。

多発する青少年の犯罪は、学校や家庭がその責任を果たしていないからだと知るべきでしょう。

❷やりすぎては嫌われる

某氏は仕事をすると、やり過ぎるくせがあった。およそものごとには度合ということがある。飯をたくにも、料理をするにも、みんなほど良い加減が肝要なのだ。

わが仕法《しほう》でも同じことで、世話をやかねば行なわれないのは、もちろんだが、世話もああだ、こうだとやき過ぎると、やはり人に嫌われて、どうしていいかわからないから、まず放っておこう、などというようになるものだ。

古人の句に「さき過ぎて、これさえいやし梅の花」とあるが、うまいことを言ったもので、何事も過ぎたのは及ばないより劣る。心得ねばならないことだ。

（夜二一九）

仕事も、人間関係も調和のなかに良い結果が生まれます。バランス感覚のすぐれた人が危機を乗り越えて、人生に破綻《はたん》をきたすことなく、誇りある生涯を生きることができるのです。

尊徳が教える心田開発《しんでんかいはつ》とは、働けることの喜び、そのみのりを分かち合う家族の喜び、余財を他へ分け与えることができる幸福を、真の幸せと感じられる心を開発することだったのです。

それが人への愛情や思いやりとなり、良い社会づくりの力となるのです。

「過ぎたるは及ばざるが如し」といわれるように、口うるさくて嫌われては、できるものもできません。「良いほど加減」「物も言いよう」は昔も今も変わらないのです。

❸ 運と不運は、先んずるか後《おく》れるかの違いだけ

何ほど勉強しても、何ほど倹約《けんやく》しても、年の暮にさしつかえるようでは勉強も勉強でなく、倹約も倹約でない。

「先んずれば人を制し、後るれば人に制せらる」ということがあるが、倹約も先んじなければ役に立たない。おくれたらむだになるだけだ。

世間の人は、この道理に暗いから、たとえば千円の収入が九百円に減ると、まず一年は借金して暮らす。だからまた八百円に減るのだ。こうなって初めて倹約して、九百円で暮すから、また七百円に減る。するとまた改革して八百円で暮す。年々こんなことをしてゆくから、労《ろう》して功《こう》なく、ついに滅亡に陥るのだ。

このときになって俺は不運だなどというが、不運なのではない。おくれたために借

金に制せられたのだ。分かれ目はただこの一点で先んずるか、おくれるかの相違にある。

千円の収入でいて九百円に減ったならば、すみやかに八百円に引き去って暮らしを立てるがよい。八百円に減ったならば、七百円に引き去るがよい。これを先んずるというのだ。

（夜一二四）

絶対安心という人生のレールはないのです。山あり谷あり、嵐が吹き荒れるのが人生です。

それをいかに無事に乗りきれるかが、人生の面白いところです。

心に余裕と自信がなければ、つねにびくびくしていなければなりません。先手必勝は碁、将棋の世界だけでなく、人の生き方にも通じます。マイナスをプラスにする心構えと決断、勇気、それに日々の貯蓄が不測の事態を乗り切る鍵になるのです。

生まれたときも裸、つねにゼロ地点から出発——、の心意気と努力があってこそ強運が寄ってくるのです。

❹日々の努力を軽んじて良い実りを望む愚かさ

桜町の陣屋《じんや》に出入りする畳職人、源吉は、口達者で才智はあったが、大酒飲みで怠けぐせがついて困窮していた。年末になって二宮先生の所に来て、餅米《もちごめ》の借用を頼んだ。「そなたのように年中家業を怠って、働かずに金があったら酒を飲む者が、正月だからといって一年間、勤苦《きんく》、勉励《べんれい》して、丹精《たんせい》して来た者と同じように餅を食べようというのは、心得違いも甚しい。

正月は三百六十余日、明け暮れして来るので不意に来るものでなく、米は偶然に得られるものではない。

米は春耕《しゅんこう》し、夏は草をとり、秋に刈って、初めて米となるものである。そなたは春は耕さず、夏は草をとらず、秋は刈ったわけではない。それで米の無いのは当たり前ではないか。正月だからといって、餅の食える道理はない筈だ。

いまここで貸してもどうして返せるのか。借りておいて返せねば罪人となってしまう。正月に餅を食べたいと思うならば、今日から遊惰《ゆうだ》を改め酒をやめて、山林で落葉をとって堆肥をつくり、来年田を作って米をとり、来々年の正月に餅を食うべきではないか。だから来年の正月は己の過去を悔いて、餅を食べることをやめるがよい」と、懇々と諭された。

源吉は大いに悟るところがあり、前非《ぜんぴ》を悔いて「私は怠け者でした。――来年の正月は餅は食わずに過ちを食います。今日から遊惰を改め酒をやめて、年が明けたら二日から家業を始めて、来々年の正月には先生の仰《おお》せられる通り、人並みに餅をついて正月を祝えるようにいたします」と、感謝し、しおしおと暇乞《いとまご》いして門を出て行こうとした。

二宮翁このとき、源吉が門を出かけていくのを見てにわかに呼び戻し、私の考えがよくわかったか、と聞かれると、「まったく感銘致しました。一生忘れません。何とか勉強して参ります」と答えると、二宮先生は即座にかねて用意させておいた白米一俵、餅米一俵、金一両に大根、芋などを添えて与えた。（夜一三二）

去年の不足今年の借《かり》となりにけり　今年の利息《りそく》来る年の貧《ひん》　尊徳

源吉の感動は想像できましょう。戒めと激励は尊徳流教育の基本でした。その公正さと慈愛は、悪を善に立ち直らせる大きな力となりました。

怠け癖や酒癖がついて困窮する者にただ衣食を与えるだけでは悪癖を伸ばすだけです。注意を与え、教え諭して悟ったときには多くを与えて激励する。そんな尊徳のやり方は人の心を動かし改心させる力をもっていました。

まず、やる気を起こさせる説得力は、尊徳の人徳であり、魅力だったのです。

現代にも通用する絶妙の指導者といえましょう。

❺まじめに働けば魚も山に登り富に至る

きこりが深山《みやま》へ入って木を切るのは、材木が好きで切るのではない。炭焼きが炭を焼くのも、炭が好きで焼くのではない。

ところが木こりでも炭焼きでも、その職業さえ勉励《べんれい》すれば、白米も自然に山へ登るし、海の魚も、里の野菜も、酒も油も、みんなひとりでに山へ登るのだ。誠に奇々妙々《ききみょうみょう》の世の中というべきだ。（夜二一一）

尊徳のたとえは身近な例を引き、聞く者を納得させます。それを信じて実行すれば、必ず富に至るのです。苦難は、いずれ喜びに変わると信じて努力し、実行することです。山で働くきこりや炭焼きも、一生懸命働けばお金がたまり、白米でも海の魚も山へ登るという言い方は、聞くものを楽しませ、嫌いな仕事でも将来のために頑張ろうという気力を湧かせるではありませんか。

明日のために今日働く、これは古今東西変わらない人生を真面目に生きる基本です。怠け遊び暮して、お金持ちにはなれません。苦あってこそ楽あり――。いつの世も変わりない成功の哲学です。

尊徳の「心田開発」の教えは、あなたの富と幸福をどう築くかの心構えです。「よし、やるぞ！」と心を決めることです。怠惰から抜け出し、朝早く起きて働き始めるのです。

幸せのため、富と幸福を自分の手でつかむ、その決心が心田開発なのです。

❻人生の真理は自然から学べ

いまは夏で野も山も真青《まっさお》だけれども、春になれば梅が咲き桃もさくらも咲いて、色も香も見事になる。それも見るまに散りうせて、秋になれば、ふもとから色づき、実に錦《にしき》をあざむくばかり見事になるが、一夜木枯《こがらし》が吹けば、見るかげもなく散り果てるのだ。

人間も同様で、子供は育ち老人は死ぬ。死ねばまた生まれて新旧交代する世の中だ。だからといって悟ったがために花が咲くのでもなく、迷ったがために死ぬのでもない。悟っても迷っても寒いときは寒く、暑いときは暑く、死ぬ者は死に、生まれる者は生まれて、少しも関係がない。

（夜三一、語四六六）

人は生まれて刻一刻と死に近づくのが人生であり、時の流れであって、これを止めることはできません。

賢く悟った者が長生きするともかぎらず、悪事を重ねた者が短命ともかぎらないのです。

しかし賢い者は、その一時を密度の高い生き方をし、愚かな者は、無為に時を過ごして貴重な人生の時間を失うことになるのです。与えられた命の時間を無駄にすることなく、目的をもち、精いっぱいの努力をし働いて生きること、これが自然の真理に従った生き方なのです。

尊徳は、自然の真理から学び、自助努力による自立心で密度の高い生き方をすることが、人生なのだと教えているのです。

❼すべては心の荒地《こうち》をたがやすことから始まる

自分の生涯の仕事はすべて荒地を開くことを務《つとめ》としてきた。田畑の荒れたもの、負債の多いもの、ともに国家では生地《せいち》であるが、その人から考えれば荒地といえる。

痩《や》せた田や荒れた畑では公租、公課程度の収益はあっても、耕作するものにとっては利益のない田畑である。それと等しく、身体強壮なるにもかかわらず、怠惰《たいだ》に日々を送る者は自他共に荒地である。

資力や財力、智力、才力ももちながら国家社会のためになることもしないで、いたずらに驕奢《きょうしゃ》にふけって財宝を費し一生を送ってしまうものもあるが、これもまた世の中の荒地である。

その元はといえば、心田《しんでん》が荒廃しているからで、報徳《ほうとく》は、この心田の荒廃を開発することが先であって、心田の荒れを取除き、田畑の荒廃を開発して立派な田に仕上げたならば、国は勿論、村や町の復興は手の平を返すように容易である。

（夜二〇一、語九六）

知力、才力はあっても、怠惰であれば成功の果実を手にすることはできません。尊徳はこれを〝心の荒地〟といい、怠惰《たいだ》や驕奢《きょうしゃ》（おごり、ぜいたく）な心をただして努力する心に仕上げる「心田」の開発を、生涯の仕事としたのです。

心田とは、人の心を荒地に喩えたもので、尊徳は当時の農民がやる気を失い、心が荒廃していることを憂い、その原因をよく調べ、それが政治の腐敗と搾取にあることを知って、藩主にも厳しく接したといいます。

人が幸福を感じ元気に生きるには適度な経済力が必要なのはいうまでもありません。貧困は生きる力を失わせ、善悪の判断も歪めます。しかし、行きすぎた福祉行政は国や地方財政に過度の負担を強い、人の自立を妨げます。まずは働く意欲を高め、経済力を身につけ、自立させるのが教育や政治の正しい目的といえるでしょう。

❽人の道理を説くことこそ教育の神髄

人が歩くには、左足がとまれば右足があがり、右足がとまれば左足があがる。これは自然の勢いである。糸や縄も同様で左は右によって、右は左によって、なわれてゆく。

だんごも同じで、粉と水との二つの力によってできる。だから粉の力が尽きれば、固まらないし、水の力が尽きても乾いて、だめになる。
天と地、父と母、歳月日時、夏至と冬至、寒《かん》と暑《しょ》、長寿と短命、死と生の類《たぐい》もみな、そうでないものはない。万事、万物、ことごとく対偶《たいぐう》によって成り立つ。だんごでも縄でも持って来て尋ねるがよい。私は、くわしくその道理を説こう。（語三四五）

戦後のモラルなき教育で、いじめや殺人、暴行など、少年非行も凶悪な犯罪に変わってきました。このままなら自由主義日本は亡国の憂いすらあるのです。

学校教育では、公立学校専門職の教師は公正中立な立場でなければならず、政治的偏りがある教師は、不適格といわねばなりません。

非行少年が育つ環境は、親たちの家庭教育のなかにも原因があり、人間の対立、抗争を煽《あお》る戦後の教育は、人の心を歪め、家庭さえも不幸にしたといえましょう。

将来ある若者たちの心に、勇気をもって生き抜く希望と愛の灯をともすには、教育を正しく甦らせなければなりません。

尊徳がいう心田開発《しんでんかいはつ》こそ、現代にもっとも必要な心の教育のあり方を教えているのです。

何よりもまず、教育者自身が人の道理をよく学んで、心田開発を行なうこと、これこそ急務であるといわねばなりません。

❾人の特性をどう活かすかはリーダーの器しだい

甘い辛いは物の味で、甘いものをますます甘く、辛いものをますます辛くすれば、これは偏りである。偏りでなければその真の味を保つことはできないが、それでは人の口に適しない。だから甘さと辛さを調和せざるを得ないのだ。

人にも甘い性《しょう》の者があり、辛い性の者がある。これもまた偏りである。だから、でしゃばる者は控えめにさせ、引っ込み思案の者は引き立ててやり、甘い辛いを調和して、始めて世の中に容れられ、人に用いられるようになる。

けれども、また偏らなければ、その真の性分《しょうぶん》を保つことはできない。漬物を作るのに、浅漬けは甘味と塩味を半々にするが、長く漬けるには塩ばかりでするようなものだ。

（語一六八）

個性と能力が個々に違う人間がどうしたら生かされ、力を発揮するようにできるか。自由な発想とアイデアをどうしたら活用できるか。そうした判断をするのが指導者の力量といえるでしょう。

人の特性をよく見た尊徳は、時に厳しく、時に賞を与えて励まし、効果的に仕事の能率をあげさせることができました。

どんな仕事も、人と人の関係のなかで行なわれます。命令だけでは良い仕事はできません。仕事と人のリズムを把握して、目的意識をはっきりさせ、意欲的に仕事に立ち向かわせるように配慮することが、何より大事なことなのです。

10章

真理だけが人を動かす

――一円観《いちえんかん》の真理で難関を突破せよ

原因があり結果があるという因果輪廻《いんがりんね》の世界観は、尊徳がくり返し語る哲学です。自然から多くの真理を学んだ尊徳は、種にはすでに花や実となる原因と気が含まれていることを明らかにしています。

人生に喜びと富があるのは、その人が過去に積み重ねた善行の結果であると教えています。また、父母、祖父母が年月をかけて徳を積み、子や孫がその恩恵を受けて幸福を得るのにも、目には見えない先祖のおかげがあるのです。

この因果論は、洋の東西を問わず成功者に認められる原則です。善の原因があって幸福の結果があることを尊徳もくり返し教えているのです。

さらに報徳思想の基本には「一円観《いちえんかん》」という思想があります。宇宙自然を見るとき、表裏、陰陽、プラスとマイナス、男女など、そこには対《つい》になる反対の言葉があり、現象がある。それらを統合して見るのが「一円観」という世界観です。

❶運も不運も循環している

およそ世の中は陰《いん》、陰と重なっても成り立たず、陽《よう》、陽と重なっても成り立たず、陰陽、陰陽と並び行なわれるのが定則だ。

たとえば寒暑《かんしょ》、昼夜、水火、男女と、それぞれ陰陽があるようなもので、人の歩行も右に一歩、左に一歩、尺とり虫もかがんでは伸び、かがんでは伸び、へびも左へ曲り右に曲り〰〰このように行くのだ。

畳の表やむしろのようなものも、その織りかたは、下へ入っては上に出、上に出ては下に入り、目のあらい麻布でも目のこまかい羽二重《はぶたえ》でも、みな同じことだ。これは天理だからである。

（夜八九）

難しい哲学用語を畳やむしろ、尺とり虫や蛇の動きにたとえて、納得させる教え方は尊徳の得意とするところで、学ぶ楽しさは日常の言葉とたとえ話で盛り上がるのです。

世の中には、むやみやたらに流行語を使い、知識をひけらかし、難解な用語を使うことで人心を惹こうとする人もいますが、バカにされるのが落ちです。真理は単純素朴なものなのです。

まずは自らよく学び、人格を高めるための自己研鑽《けんさん》が必要です。

やさしい言葉で上下の別なく、日々教え合う人間関係にのみ、向上があるのです。

❷ ここに日本開国の大道《だいどう》がある

神道《しんとう》は開闢《かいびゃく》の大道で、皇国本源《こうこくほんげん》の道である。豊葦原《とよあしはら》をこのような瑞穂《みずほ》の国、安国《やすくに》と治めたもうた大道なのだ。この開国の道が、すなわち真の神道だ。

わが神道が盛に行なわれてから後にこそ、儒教も仏教もはいってきたのだ。わが神道が盛にならないうちに、儒教、仏教がはいってくる道理はありえない。

わが神道すなわち開闢の大道がまず行なわれて、衣食住が事たりるようになってからのち、世の中に難しいことも起きてくる。そのときこそ儒教も仏教も、入用になったのである。これはまことに疑いのない道理だ。

たとえば、まだ妻がなくて夫婦げんかの起きる道理もなく、まだ子供が小さいのに親子げんかがあるはずがない。妻があって子供が成長して初めて色々問題が生ずる。こういうときになってこそ五倫五常《ごりんごじょう》も悟道治心《ごどうちしん》も入用となってくる。

世人はこの道理に暗いため、治国治心《ちこくちしん》をもって本元の道としている。これは大きな誤りだ。本元の道とは開闢の道であることは明らかだ。私はこの迷いをさますために、「古道《ふるみち》につもる木の葉をかきわけて天照神《あまてらすかみ》の足跡《あしあと》を見ん」と詠《よ》んだ。よく味わうがよい。

大御神《おおみかみ》の足跡のあるところが、真の神道なのだ。

世間で神道といっているものは神主の道であって神の道ではない。はなはだしい場合は、お札を配って米や金をもらい歩くみこ、祈禱師のたぐいまで、神道者《しんとうしゃ》というようになった。神道というものは、どうしてそのようなものであろうか。よく考えてみるがよい。

（夜一二）


貧しい人たちから金品をとるための偽《にせ》宗教が人心にはびこる姿は、今も昔も変わりがないようです。宇宙自然に充満している自然の富を、勤労によって掘り興す開闢の精神こそ、真の神道であると尊徳はいうのです。

人類の発生と幸福への道、それは真面目に働き荒地《こうち》を田畑にし、地上に作物を植えて富を貯え、余財を推譲《すいじょう》する開拓の労こそ、人の道といえましょう。科学文明の発達により、地球を宝の山にして、人類の幸福を目指す努力こそが尊いものと思われます。

地上の飢餓と貧困は二十一世紀に入ってもまだ増え続けています。これを救うのは、地上の宝庫を開く開闢の道一筋にあるのはまちがいありません。

❸ 一円的な見方が人を生かす

女性が自分の姿の美しさを知るには鏡による他ないが、むしろ女性の美を知るのは男性であり他人である。本来、美女は男の定めるところである。

香《におい》のあるものはその香を知らない。白きもの白きを知らず、黒きもの黒を知らず、黄なるもの黄を知らず、赤きもの赤を知らず、水中のもの水を知らず、土中のもの土を知らず、風中のもの風を知らず、火中のもの火を知らない。

本来ことごとく外《ほか》の色あいから自分の色が知れるのである。一切万々、自分の善し悪しは人が見ているもので、自分は案外、知らないものである。

（悟道草案）


昔から、反面教師とか、人の振り見てわが振り直せ、などの言葉が自分を振り返り反省する意味で使われてきました。自分の色合い、自分の言葉、動作は、他の人の言葉や見方で知ることができるのです。

批判、讃辞など冷静に聞く耳と目、頭脳を養い、自分を磨く糧《かて》とする人は、日々精進し発展するでしょう。人の長所短所を知り、全てを含む一円的な見方が、人を生かす方法であり、成功の原則です。

❹ 指導者は心眼《しんがん》、心耳《しんじ》を使い人徳《じんとく》を磨け

肉眼で見れば見えないところがあるが、心眼で見れば見えないところはない。肉耳《にくじ》

で聞けば聞えないものがあるが、心耳《しんじ》で聞けば聞えないものはない。これは坊さんが言うところだ。

世の中を治める場合も、人を治める場合も、徳をもってするか、法をもってするかの違いは、やはりこれと同じようなものだ。（夜九）

上に立つ人が徳のある人か、恫喝《どうかつ》や強制で従わせる人か、それは、その人がどれだけ人を正しく見抜く力をもっているかどうかで違ってきます。心眼、心耳をもった人間教育が重要で、社会の向上には人間学の研究が欠かせません。

家庭ならば父母が、学校ならば教師が、自ら人徳を磨く努力をしなければ良い子供は育たず世の中はよくなりません。

❺ 真理は心眼《しんがん》で見よ

天地の真理というものは、不書《ふしょ》の経文《きょうもん》から読みとらなければ見えないものだ。この不書の経文を見るには、肉眼で一度ずーっと見渡して、それから肉眼を閉じて、心眼を開いてよく見るがよい。

どんな微細な理《ことわり》でも、見えないということはない。肉眼で見えるものには限りがあるが、心眼で見るものには限りがない。（夜三）

宇宙は循環しているものであり、自然はそれを地上に表わしています。それを確認し理解を深めるには心眼による一円観の見方が必要です。

現代は、まさに時間を惜しんで急ぐあまり、半面つまり一面的な見方しかできない人があまりにも多く、その判断の狂いは、半円観というより、一点しか見ないまちがいからくると思われます。

人格形成に本当に必要な情報は、やはり心を開いて、真実の道を行こうとする人だけが得るものです。有益な人材をいかに育てるかも、そこにかかって来ます。

あまりに忙しい現代人は、迷いと焦りのなかで道を失うことが多すぎます。冷静に心の眼を見開いて、真実を見抜く余裕と落ち着きも大切です。

❻ 犬の立場も考えよ

ある農家が麦を太陽に干しておいたら、犬が来てそれを食べたので百姓が怒《いか》って犬を殺そうとした。二宮先生はこれをさとして、

「お前はどこに麦を干したのだ。どうして番をしないのだ。お前が麦を干したのは晩《ばん》飯《めし》のために違いない。してみれば犬だって食い物がほしい。そう思えば、その罪を許して麦を与えてもよいではないか。

番をしないのはお前の過ちではないか。自分の足らぬところを考えないで、犬を殺そうとするのはおかしいではないか」

と言われて、そうでしたかと素直に納得した。

犬も尾を振って罪をあやまるように見えた。これが一方をさとして、また他を服せしむる方法であって、これを一円の見方というのである。

（語四四二）

ちうちうと嘆き苦しむ声をきけば　ねずみの地獄　ねこの極楽

一円観の見方はつねに原因とその結果を考えさせます。個人の生活破綻も、国家の危機も情報不足、思慮不足から起きています。わが国の災難は、国の指導者や経営者の、無責任と危機感のなさに起因するといってよいでしょう。

真実を見る努力、調査研究する努力をせず、周囲の人の言いなりになるリーダーは、無能というしかないのです。

扇の要《かなめ》になるべき人が、右に左に方向が定まらなければ、ついていく人は困惑するばかりです。要となる人こそ良き友、良き先輩を大事にして、知恵袋をいくつももたねばなりません。しかし、最後の決断は自分であることを忘れずに。

❼半面を知って全面を知らないのは半人前の見識

世人《せじん》は蓮《はす》の花を愛して泥をいやがり、大根を好んで下肥《しもごえ》をいやがる。私はこういう人を半人前という。

蓮の花を養うものは泥である。大根を養うものは下肥である。蓮の花や大根は、泥や下肥を好むこと、この上なしではないか。

世人の好き嫌いは、半面を知って全面を知らない。これまさに、半人前の見識ではないか。どうして一人前ということができよう。（語四二二、三八四）

尊徳は、農民の真実の生活を知るために、夜更けに村人の家々を廻り、糞尿《ふんにょう》の様子まで見て歩いたといわれます。

尊徳がいまの世にいたならば、国民、国家の不幸を忘れ、国民の税金から多額の報酬をもらいながら昼の議場で居眠りをする国会議員は、バッジを外して立ち去れ！　と厳しく叱責するでしょう。

あの肥桶《こえおけ》にたとえられた儒学者《じゅがくしゃ》のように。

かつて、週刊ダイヤモンド（平成十四年九月二一日号）に「驚異の社内対話術」という題で、日産社長カルロス・ゴーン氏のコミュニケーションに関する興味深い記事が掲載されました。

わずか三年前には瀕死の状態にあった、といわれる日産を再建軌道に乗せた経営の秘訣は〝コミュニケーション〟に対するこだわりにあった、と同誌は伝えています。

ブラジルに生まれ、フランスでエンジニアの教育を受けてタイヤのミシュランに入社、九六年にルノーの上級副社長となり、九九年六月ＣＯＯ（最高執行責任者）兼社長として日産に転任した経歴を見ても、並みの人ではないことを示していますが、なかでも彼の人間としての資質と社員に対する配慮が、驚異の成功を成し遂げたと思われます。

彼は、コミュニケーションの真髄をこう語っています。

「神様は二つの耳と一つの口しかつくらなかった。口より耳のほうが多いのだから、話すよりも二倍の量を聞かなければならない。それに、人の言うことも聞かなければ、誰も私の言うことを聞いてくれませんよね。耳を傾けるということは、おそらく経営のもっとも基本的な必須条件だと思います。耳を傾けることができない人に、マネジメントはできない」（注、傍点筆者）

聞く耳をもつということは、一人前の人となる最大の条件かもしれません。

あとがき

天地《てんち》相和《あいわ》して　万物《ばんぶつ》生じ
夫婦《ふうふ》相和《あいわ》して　子孫《しそん》生じ
貧富《ひんぷ》相和《あいわ》して　財宝《ざいほう》生ず

二宮尊徳は、一円融合《ゆうごう》（すべてのものは相互に協力し合い、一体となることで良い結果を生み出す）の報徳精神が人類の発展につながると教えています。争ってはいけない、奪ってはいけない、協力、調和、和合《わごう》して生産性をあげることで富貴と繁栄を手にしなさいと。

尊徳が信念としてもち続けたこの一円融合観、万物に徳があるという報徳《ほうとく》の精神は、いまこそ日本人の道徳的思考として必要なものと、私は思っています。

浅学非才を顧みずに大胆にも尊徳の実践哲学に挑戦したのは、その心根がとても優しく、貧者を哀れむ深い愛情は、無頼の者や怠惰な者を改心させ、自立した人の道へと立ち直らせる力になると思えたからです。

尊徳の偉大な足跡を支えた歌子夫人の存在も見逃せません。じつは、最初の妻は小田原藩服部家家老の家政再建中に長男徳太郎が死亡したことを理由に離婚を申し出ました。やむなく尊徳は、一年分の収穫を持たせて離別しました。

その後再婚したのが十六歳の歌子夫人です。彼女は、まさに良妻賢母、不自由な陣屋暮らしに不足も言わず、ひたすら尊徳を助け、協力を惜しまず、仕法の事業達成に尽力したといわれています。

尊徳の大事業は、こうした献身的な若妻の理解と協力によるもので、その子、その孫たちまで父祖の事業の手助けをし、とくに孫の尊親は北海道十勝の豊頃《とよころ》の開拓に従事し、明治以降の北海道開拓に大きな足跡を残しています。

私が在住している札幌市を東西に分けている創成川の灌漑《かんがい》事業も、尊徳の弟子、大友亀太郎の手によるもので、北海道報徳社とその協力者により記念の像が建てられました。来道の折には、ぜひ尊徳ゆかりの足跡を辿っていただきたいと思います。

二十一世紀に入っても、貧富の格差、飢餓《きが》と貧困を解決する道は見えていません。尊徳が言う天照大神の開闢《かいびゃく》の精神、即ち日本精神こそ必要なのかもしれません。その中核にあるのは、争奪を乗り越えた人間愛に基づく協力、調和と和合の精神を教える教育にあると信じています。それこそ国を救い、世界人類を救済するのに不可欠であると、私も強く信じています。

最後に親しくお世話になり資料提供をしていただいた報徳博物館初代館長佐々井典比古先生ご夫妻、尊徳ゆかりの地、豊頃町出身の総合出版コスモ21の杉山隆氏と山崎優氏、そして出版社のスタッフのみなさんに心からお礼を申し上げます。

なお、尊徳の言葉に関する文献の証査については、北海道報徳社常務理事、嵯峨井喬氏にご協力をいただきました。

二宮尊徳が遺した生きた言葉の数々が、私たち日本人の道徳的思考力を鍛える助けになり、長年私が関わってきた教育の正常化の原点であると考えております。

天地《あめつち》の和して一輪福寿草《いちりんふくじゅそう》　咲けよこの花いく代ふるとも
父母もその父母も我身なり　われを愛せよ　われを敬せよ
尊徳

一円のみ法《のり》正しき　月夜かな
山雪

平成二十九年七月　記

あとがき

参考文献

『訳注　二宮翁夜話（上）』福住正兄原著　佐々井典比古訳注
『訳注　二宮翁夜話（下）富国捷径（抄）』福住正兄原著　佐々井典比古訳注
『訳注　二宮先生語録（上）』斎藤高行原著　佐々井典比古訳注
『訳注　二宮先生語録（下）報徳外記』斉藤高行原著　佐々井典比古訳注
『解説　二宮先生道歌選』佐々井信太郎著
『報徳記』富田高慶原著　佐々井典比古訳注
（以上、一円融合会刊）
『二宮尊徳全集』
『定本報徳読本』八木繁樹著　緑陰書房
『尊徳の森』佐々井典比古著　有隣堂
『尊徳の裾野』佐々井典比古著　有隣堂
『報徳概説』戸原藤七著　北海道報徳社刊

資料提供

報徳博物館初代館長　佐々井典比古氏

公益財団法人報徳福運社・報徳博物館

〒二五〇‐〇〇一三　神奈川県小田原市南町一‐五‐七二

電話　〇四六五‐二三‐一一五一

本書は2006年11月、小社より刊行された『世界に誇る日本の道徳力』を改題し、一部訂正したものです。

一瞬で道徳力を引き出す「いい話」
二宮尊徳 奇跡のことば

2006年11月8日 第1刷発行
2013年2月18日 第11刷発行
2017年9月15日 新装版第1刷発行

著 者――石川佐智子

発行人――山崎 優

発行所――コスモ21
〒171-0021 東京都豊島区西池袋2-39-6-8F
☎03(3988)3911
FAX03(3988)7062
URL http://www.cos21.com/

印刷・製本――中央精版印刷株式会社

定価はカバーに表示してあります。

ISBN978-4-87795-356-0 C0030